中央红军长征第一渡

红色英雄路

中国工农红军长征遗迹概览

国家文物局　编

文物出版社

图书在版编目（CIP）数据

红色英雄路：中国工农红军长征遗迹概览 / 国家文物局编.
-- 北京：文物出版社, 2016.10
ISBN 978-7-5010-4809-0

Ⅰ.①红… Ⅱ.①国… Ⅲ.①中国工农红军长征—史料 Ⅳ.
①K264.406

中国版本图书馆CIP数据核字(2016)第253342号

红色英雄路
——中国工农红军长征遗迹概览

编　　者：国家文物局

责任编辑：孙漪娜
助理编辑：王海东
封面设计：孙　鹏
责任印制：张道奇

出版发行：文物出版社
地　　址：北京市东直门内北小街2号楼
网　　址：http://www.wenwu.com
邮　　箱：web@wenwu.com
经　　销：新华书店
制　　版：北京宝蕾元科技发展有限责任公司
印　　刷：北京京都六环印刷厂
开　　本：787×1092毫米　1/16
印　　张：13.5
版　　次：2016年10月第1版
印　　次：2016年10月第1次印刷
书　　号：ISBN 978-7-5010-4809-0
定　　价：80.00元

从这里读懂和感悟中国共产党

长征是一座丰富的物质宝库和精神宝库。长征途中留下的文物遗址遗迹等，是长征历史的客观见证，也是传承和弘扬长征精神的重要物质载体。在红军长征胜利 80 周年之际，国家文物局组织中国文物信息中心和文物出版社，根据“第三次全国文物普查”相关数据编辑出版《红色英雄路——中国工农红军长征遗迹概览》一书。该书共选取 200 余处具有重要历史、军事价值的长征遗迹，重点介绍了长征期间的重要会议、重大战斗和相关事件，以图文结合的形式呈现了长征那段惊天地、泣鬼神的悲壮雄奇历史，为我们走近和了解长征提供了生动教材。

长征告诉世界，中国共产党是一个能够战胜任何困难、创造人间奇迹的先锋队。

1934 年 10 月，第五次反“围剿”失利，中央革命根据地红军被迫实行战略转移，南方其他革命根据地的红军也先后进行了长征。红一方面军于 1934 年 10 月从中央革命根据地出发，1935 年 10 月到达陕北吴起镇，历时 1 年，行程 25000 余里；红二方面军 1935 年 11 月 19 日从湘西桑植出发，1936 年 10 月 22 日在宁夏将台堡同红一方面军会师，历时 11 个月，行程 16000 余里；红四方面军于 1935 年 3 月强渡嘉陵江开始长征，1936 年 10 月在甘肃会宁同红一方面军会师，历时 1 年 7 个月，行程 10000 余里；红二十五军 1934 年 11 月 16 日从河南罗山县何家冲出发，1935 年 9 月在陕北延川县永坪镇同西北红二十六、红二十七军会师，历时9个月，行程近10000里。四路红军长征出发时，总人数合计约206000人，总行程约65000里，共行军368天，遭遇战斗600余次，长征结束时共保留下来57000余人。长征历时之久、规模之大、行程之远、影响之广，在人类战争史上都是绝无仅有的，中国共产党及其领导的中国工农红军的卓越胆识、超人毅力和巨大牺牲也是绝无仅有的。

长征是在敌强我弱的战争环境和千难万险的生存环境中进行的战略转移。沿途自然环境十分恶劣，敌我兵力相当悬殊。红军除了在少数地区短暂停留外，始终处于数十倍于己的敌军追击、堵截与合围之中，始终处于饥饿、寒冷、伤病和死亡的威胁之下。

长征跨越了中国14个省份，翻越了18座巨大的山脉，其中5座终年积雪、空气稀薄。长征渡过了30多条河流，包括世界上最汹涌险峻的峡谷激流。长征走过了世界上海拔最高、渺无人烟的沼泽草地。红军物资条件极度艰苦，天当房、地作床，吃草根、啃树皮，日晒雨淋，风餐露宿，以篝火御寒。物质的匮乏、环境的恶劣、困难的艰巨，时刻挑战着红军将士的生命极限。即使在这样的环境条件下，红军平均每天行军50公里以上，平均每天有一场遭遇战，平均3天发生一次激烈大战，平均每行进1公里有3名以上红军指战员献出宝贵生命……

在中国共产党领导下，坚定的理想信念使红军将士产生了高度的凝聚力和顽强的战斗力，创造了无数人间奇迹。革命理想主义、党和军队的高度统一保证了长征的胜利。在贵州传教的瑞士传教士薄复礼曾跟随红六军团在长征中走了18个月，他在回忆录中写道：中国红军那种令人惊异的热情，对新世界的追求和希望，对自己信仰的执着是前所未闻的。他们为了自己从事的革命正英勇奋斗，充满了青春的活力和革命的激情。从血染湘江、通道转兵到黎平会议、猴场会议、遵义会议，从四渡赤水、鸡鸣三省会议、苟坝会议到攻占娄山关、巧渡金沙江，从会理会议、彝海结盟到飞夺泸定桥、强渡大渡河、翻越夹金山，从懋功会师、两河口会议、北上南下之争、芦花会议、沙窝会议、毛儿盖会议、巴西会议到征服草地、打赢包座战役、中共中央先行北上、俄界会议，从突破腊子口到榜罗镇会议、到达吴起镇、东征西征……翻阅本书中关于这一个个会议遗址和战斗遗址的资料，仿佛置身于讨论激烈的会议现场、见证着不同意见的争论，仿佛投身炮火纷飞的战斗战役、感受着“毛主席用兵真如神”的传奇故事。我们不能不由衷地感叹：长征中每一个胜利的取得无不是智慧和鲜血的结晶，无不是实事求是思想路线和机动灵活战略战术的集中体现，正是这些一个个来之不易的胜利，促进了中国共产党不断走向坚强和成熟。

日本学者冈本隆三认为：“闻名于世的长征，是在极端困难的条件下进行的，它的成功是20世纪的一大奇迹。”斯诺认为：“与红军长征相比，公元前2世纪西方战略之父汉尼拔翻越阿尔卑斯山的进军，不过是一次轻松的假日远行。”毛泽东豪迈地说：“长征是历史记录上的第一次，长征是宣言书，长征是宣传队，长征是播种机。自从盘古开天地，三皇五帝至于今,历史上有过这样的长征吗？”“谁使长征胜利的呢？是共产党。没有共产党，这样的长征是不可能设想的。”

长征告诉世界，中国共产党是一个善于凝聚各方面力量、改变民族面貌的先锋队。

近代以来，为改变中国一盘散沙、任人宰割的悲惨境地，无数仁人志士和进步力量艰辛探索、不懈斗争，但都收效甚微。中国共产党的诞生，使中国革命事业从根本上由被动转为主动，给中华民族复兴带来了希望。长征是改变中国革命前途命运的标志性事件。

美国作家威廉·莫尔伍德说：“长征简直是将革命划分为‘公元前’和‘公元后’的一条分界线。其后发生的一切事情，都要从这个举世无双的奇迹说起。”

因为长征，最终烈火见真金，中国共产党产生了众望所归的伟大领袖。遵义会议的召开，确立了毛泽东在党中央和红军中的领导地位，在最危急的关头挽救了党、挽救了红军、挽救了中国革命，后来又挫败了张国焘分裂党分裂红军的政治野心，实现了红军的大会师。遵义会议前，中国共产党没有形成坚强有力的党中央领导集体，中国革命几经挫折，甚至面临失败的危险。正是从遵义会议开始，党逐渐形成了以毛泽东为核心的成熟领导集体，中国革命的局面便焕然一新。

因为长征，练就了革命“火种”，成长了党和军队的“栋梁”。红军将士在极端艰苦条件下得到锤炼，大家风雨同舟，生死相依，成为一支拖不垮、打不烂的部队，凝结成一个坚不可摧的革命集体。1935年9月12日，毛泽东在俄界会议上说：只要保持数百干部、几千战士，这就是很大的胜利。长征中保留下来的同志，革命意志更加坚定，战争经验更加丰富，成为中国革命的“火种”，成为党和军队的栋梁之材，在抗战开始后撒向大江南北，遍布敌后战场。在他们的带动下，革命力量大发展。到1945年抗战胜利结束时，我军已发展到127万人，我党发展到121万人。发展速度之快得益于长征这一“播种机”。

因为长征，红军足迹遍布大半个中国，穿越了苗、彝、藏、羌、回等十多个少数民族地区，建立了与广大群众的鱼水情结和血肉关系。正如毛泽东所指出的：“不因此一举，那么广大的民众怎么会如此迅速地知道世界上还有红军这样一篇大道理呢？”由于红军严格遵守党的民族政策和宗教政策，严格执行群众纪律，帮助穷苦大众翻身解放，广大群众把红军视为自己的子弟兵，为红军长征提供了可靠的兵源和物质保证。据统计，整个长征过程中，红军各部队补充约2万人兵源，这样的支持成为红军长征胜利的根本保障。

因为长征，中国共产党的广泛动员唤醒了中华民族压抑已久的巨大潜能，中华民族自强不息、百折不挠的奋斗精神升华到新的高度，中华民族的向心力得到空前提高。正如鲁迅先生所言，中国人民正是从中国工农红军身上看到了中国的光明未来。长征胜利结束后，中国共产党在中国形成巨大的磁场，构成一个以中国共产党为中心的同心圆。受长征胜利的感召，大批进步青年奔赴革命圣地延安，各种爱国力量向中国共产党靠拢，从而为抗日民族统一战线的建立奠定了坚实的思想基础和民众基础。

集中到一点，因为长征，中国共产党锻炼得更加坚强，独立领导和掌握了一支不可战胜的新型人民军队，与人民群众建立了血肉联系，中华民族这个沉睡的民族进一步“觉醒”了。

长征告诉世界，中国共产党是一个占据真理和道义制高点、谱写人类精神史诗的先锋队。

在当年长征的队伍中，有一批外国友人与中国红军并肩征战，如来自朝鲜被誉为红军炮兵之父的武亭、军委干部团参谋长毕士悌，来自越南的李班和洪水，便是他们中间的杰出代表。长征得到过众多外国友人和学者的深切关注和深入研究。影响较大的主要有瑞士传教士勃沙特的《神灵之手》，日本学者冈本隆三的《长征——中国革命锻炼的记录》和

《中国革命长征史》，英国专家迪克·威尔逊的《1935年长征：中国共产主义生存斗争的史诗》，英国专家杭尔德的《向自由的长征》，法国迪皮伊的《毛泽东领导的长征》，斯诺的《红星照耀中国》（又名《西行漫记》），斯诺夫人海伦·斯诺的《红色中国内幕》（中译本为《续西行漫记》），美国记者艾格妮丝·史沫特莱的《伟大的道路》，美国作家哈里森·索尔兹伯里的《长征：前所未闻的故事》等。这些作者虽然立场各异，但都对长征做出高度评价，对毛泽东领导的中国共产党倍加赞叹，并在全世界引发经久不衰的“长征热”，引来国内外不少热血人士重走长征路。

为什么发生在中国的长征会受到世界的广泛瞩目、引发人们的深度思考？那就是中国共产党占据了真理和道义制高点，谱写了一曲惊心动魄、气壮山河的不朽诗篇，领导红军将士用鲜血和生命铸就的长征精神，已成为世界人民共同的精神财富。

长征是中国共产党及其领导的中国工农红军追求人类理想的英雄史诗，是光明战胜黑暗、正义战胜邪恶的思想熔炉。正是在这个举世无双的伟大实践中，广大红军指战员形成了坚定理想、听党指挥、独立自主、艰苦奋斗、热爱人民、不怕牺牲、舍己为人、顾全大局的精神特质，进而凝聚成伟大的长征精神，成为人类文明的精神丰碑。在长征路上，发生了许多感人至深的故事，像军需处长把生的希望让给别人、自己被严寒冻死，像红军战士在寒冷的冬天宁愿夜宿野外也不随便进入民房，像年轻的战友为了给大伙试吃野草中毒身亡，等等，都是是对长征精神的最佳诠释。美国中国问题专家迪克·威尔逊评价说：“红军长征已经在各大洲成为一种象征，人类只要有决心和毅力就能达到自己的目的。”哈里森·索尔兹伯里说：“20世纪中没有什么比长征更令人神往和更为深远地影响世界前途的事件了。”可以说，长征是突破了国度、阶级和意识形态界线的人类精神史诗，是中国人民对人类文明的重要贡献，因此赢得了世界人民的热议、崇敬和向往。

当今中国已经站在新的历史起点上，开始了实现“两个一百年”奋斗目标、实现中华民族伟大复兴中国梦的新长征。这无疑是中国共产党引领的充分展示人类雄心和智慧的无与伦比的伟大创举。这个新长征，借用历史学家的话说，就是要穿越“历史三峡”最惊险之处。这个“最惊险之处”看似天高江阔，实则风高浪急、扑朔迷离，所有的风险、矛盾、艰辛，都需要在这里化解乃至消除，只有真正走出“历史三峡”，才能“直挂云帆济沧海”，实现中华民族伟大复兴。在新的长征路上，我们党要成功应对“四大考验”，化解“四种危险”，必须继承和光大长征精神。长征证明“人类的精神一旦唤起，其威力是无穷无尽的”。伟大的长征精神是激励我们走向世界、开辟未来的强大动力。

中央党校常务副校长　何毅亭

目录

于都县城东门渡口

第一部分

长征序曲

于都县城东门渡口

一　中国工农红军长征概述

1934年10月~1936年10月，中国工农红军红一方面军（中央红军）、红二十五军、红四方面军和红二方面军先后自中央革命根据地、鄂豫皖革命根据地、川陕革命根据地和湘鄂川黔革命根据地开始了大规模的战略转移。1935年9月，红二十五军率先抵达陕北革命根据地。10月，中共中央率领陕甘支队（红一方面军）到达陕北，同陕北红军胜利会师，在西北奠定了全国革命大本营的根基。1936年10月，红一、红二、红四方面军在甘肃会宁和宁夏将台堡胜利会师，标志着历时两年、转战15省（以现行政区划为准）的长征胜利结束。

对于各路红军长征的具体起止时间，史学界存在多种不同观点，但一般认为红一方面军（中央红军）长征起于1934年10月从中央革命根据地出发，止于1935年10月到达陕北吴起镇。红一方面军（中央红军）的长征历时1年，纵横闽、赣、粤、湘、桂、黔、滇、川、康、甘、陕11省，长驱二万五千余里，是开始时间最早、行程最长、影响最大的一支长征队伍。红一方面军长征胜利后，进一步建设、巩固了陕北根据地，为红二、红四方面军长征的最后胜利打下了坚实基础。

红二方面军长征起于1935年11月19日，从湘西桑植出发，止于1936年10月22日在宁夏将台堡同红一方面军会师。红二方面军长征历时11个月，行程8000余公里，转战湘、黔、滇、康、川、青、甘、陕8省，大小战斗110余次，攻克城市39座。红二方面军长征时间为四支红军中最晚的一支，敌人已有了较丰富的围追堵截经验，因此红二方面军的长征更为困难。但是在任弼时、贺龙、萧克、关向应的领导下，广大指战员以坚定的革命信念，战胜了数十万敌人的围追堵截，取得了长征的最终胜利。

红四方面军长征起于1935年3月强渡嘉陵江，止于1936年10月在甘肃会宁同红一方面军会师。红四方面军长征历时1年7个月，途经川、康、青、甘4省，行程近万里。受张国焘右倾机会主义错误的影响，部分部队曾三过草地，两翻夹金山，是各路红军中长征耗时最长，经历最曲折坎坷的一部。

红二十五军长征起于1934年11月16日，从河南罗山县何家冲出发，止于1935年9月，在陕北延川县永坪镇同西北红二十六、二十七军会师，是第一支到达陕北的长征红军。红二十五军长征历时10个月，行军近万里，历经豫、鄂、陕、甘4省，并在长征途中创建了范围广大的鄂豫陕革命根据地，为四路红军中所独有。红二十五军也是四路红军中最为年轻的一支部队，大多数指战员年龄仅13~18岁。就是这样一支年轻的部队，在与党中央失去联系的情况下孤军奋战，率先胜利到达陕北，在战略上有效地配合了红一、红四方面军的长征，对红军长征的胜利乃至对中国革命做出了重要贡献。

二　长征起始

（一）第五次反“围剿”失败

1931年中共六届四中全会以后，以王明为代表的“左”倾教条主义者占据了中共中央领导地位。他们否定毛泽东等人的正确主张，剥夺了毛泽东的军事指挥权、决策权甚至发言权，在政治上推行一套错误的纲领，在军事上实行“左”倾冒险主义战略，在组织上实行宗派主义。红军开始遭受严重挫折，革命根据地开始由大变小，甚至丧失。

1933年春，以博古为首的中共临时中央在上海无法立足，被迫迁往中央苏区，使“左”倾教条主义的错误影响在中央苏区得到进一步贯彻和扩大。同年10月，共产国际派出的军事顾问李德到达中央苏区，李德只有在欧洲进行正规战的经验，根本不了解中国的实际情况，却深受临时中央负责人博古的支持和信赖，被授予中央红军的总指挥权。

1933年9月，蒋介石集结100万军队、200架飞机对各革命根据地发动了第五次“围剿”。其中直接用于“围剿”中央革命根据地及周边湘赣、湘鄂赣、闽浙赣根据地的兵力达50万，分编为北路、南路和西路军，辅以东翼福建的十九路军，四面推进，“围剿”中央革命根据地。蒋介石吸取以往失败的教训，采取“三分军事、七分政治”的战略方针，推行“持久战”和“堡垒主义”的新战略，企图不断耗尽红军的有生力量，最后聚而歼之。

此时，中央红军已发展至8万余人，如能采取正确的战略战术，打破敌人的第五次“围剿”是完全有可能的。但是，在这样严峻的局势面前，博古、李德却大力推行“左”倾军事冒险主义，采取分兵把口、阵地战、正规战等形式，想要御敌于革命根据地之外，却使红军遭受惨重损失。

1934年4月，中央革命根据地北大门广昌失守。7月，国民党军集中31个师，从六个方向全面进攻中央革命根据地中心区。中华苏维埃共和国中央革命军事委员会（简称中革军委）命令红军“全线抵御”、“六路分兵”，坚持中央红军主力及地方武装在中央苏区内继续战斗的错误方针，使红军陷入更加被动的境地。9月，中央革命根据地仅存瑞金、会昌、于都、兴国、宁都、石城、宁化、长汀等狭小区域。26日，国民党军主力向中心区发动全面攻击。10月6日，国民党军占领石城，并拟于14日对瑞金发动总攻。至此中央革命根据地的第五次反“围剿”基本失败。

（二）长征的决策和准备

1934年4月，广昌失守后，形势日趋恶化，红军在中央革命根据地内粉碎国民党第五次“围剿”的可能已极小。中共中央、中革军委开始考虑红军主力撤离中央苏区的问题。5月，中共中央书记处做出决定，准备将中央红军主力撤离中央革命根据地，并报共产国际。6月25日，共产国际答复，表示同意。但是，中共中央和中革军委领导人一直举棋不定，没有适时做出转变战略方针的决断。直到9月初，打破敌人“围剿”已无可能时，才开始部署战略转移。

为了筹划战略转移事宜，成立了由博古、李德、周恩来组成的“三人团”，由博古负责政治、李德负责军事、周恩来负责督促军事准备计划的实施。

中共中央当时的负责人在部署和准备中央红军实行战略转移和突围时，既不召开政治局会议研究，也不对广大干部、战士进行充分的政治动员工作，虽然做了一些准备，但整个前期准备工作非常仓促。

10月9日，红军总政治部发布《关于准备长途行军与战斗的政治指令》，要求“准备突破敌人的封锁线，进行长途行军与战斗”。而早自10月7日起，红军各野战部队已先后奉命将防御阵地移交地方独立团，向集结地域集中。

在此之前，为了调动和牵制敌人，减轻国民党军队对中央革命根据地的压力，并准备实施战略转移，1934年7月，中共中央和中革军委命令红六军团自湘赣苏区向湘中转移，与红三军取得联系。同时中共中央和中革军委决定派遣红七军团作为北上抗日先遣队从中央革命根据地北上。1934年10月红六军团在贵州省印江县和红三军会师，胜利完成战略转移任务。而红七军团遭国民党军重兵围追堵截，于1935年1月被困浙赣交界之怀玉山，只有少数人突围，最终失败。

第二部分

艰辛历程

于都县城东门渡口

一　中央红军（红一方面军）长征

（一）开始征途

1934年10月初，国民党军队推进到中央革命根据地腹地。10月10日晚，中央红军开始实行战略转移。中共中央、中革军委机关也由瑞金田心、梅坑地区出发，向集结地域开进。10月16日，各部队在于都河以北地区集结完毕。从17日开始，中央红军主力红一、红三、红五、红八和红九5个军团及中央、军委机关和直属部队共8.6万人，南渡于都河（贡水），踏上战略转移的征途，开始了著名的长征[1]。留下的红二十四师和十多个独立团等1.6万余人及部分党政工作人员，在项英、陈毅的领导下，坚持斗争。

为阻止中央红军南下进入广东，国民党南路军粤军陈济棠部在赣州以东，沿桃江（信封河）向南，经大埠、王母渡折向东南，经韩坊、新田等地，构筑了第一道封锁线。

陈济棠部同蒋介石集团之间一直矛盾重重，陈济棠不愿因"围剿"红军损伤自身实力使蒋介石达到"一石二鸟"的目的，同时也害怕蒋介石嫡系部队随红军入粤，威胁自身统治。早在1934年7月，陈济棠就曾秘密派人到苏区接洽，表示愿意通过谈判协调双方关系。10月5日，中共中央、中革军委派潘汉年、何长工为代表，同陈济棠部代表在寻邬进行谈判。经过协商，双方达成"就地停战"、"互通情报"、"解除封锁"、"相互通商"和"必要时可相互借道"五项协议。这为红军顺利通过第一、第二道封锁线，创造了极为有利的条件。

在中央红军西进时，陈济棠部基本执行了协议，让开大路20公里，

1　中共中央党史研究室第一研究部编著：《红军长征史》，北京：中共党史出版社，2006年，第47页。

没有对红军进行堵截。但因陈济棠部部分部队未能完全了解其意图，在局部地区，双方发生了激烈战斗。

中央红军突破第一道封锁线后，蒋介石因无法判明红军下一步行动的意图，一面命令“围剿”中央苏区的北路军主力集结待命，一面电令南路军和西路军在湘粤边境组成第二道封锁线，阻止红军西进。此时国民党南路军大部已回撤广东以防红军进入，而湖南中南部仅有一些地方部队驻守，力量较为薄弱。中共中央、中革军委遂决定沿赣粤、湘粤边界迅速由汝城、城口方向向湘南地区突破。11月8日，中央红军通过第二道封锁线，进入湖南地域。

针对中央红军连续西进的情况，蒋介石速命在湖南境内粤汉铁路沿线的郴县、良田、宜章、乐昌间，设立了第三道封锁线。该线国民党军虽兵力较少，但交通便利，利于敌军机动。为抢抓有利时机，朱德速命彭德怀、杨尚昆等于宜章以北的良田和宜章东南的坪石间突破敌第三道封锁线。遵照命令，红一军团和红三军团先后进占第三道封锁线的重要支点宜章城和白石渡，掩护全军较顺利地通过了粤汉铁路。至11月15日，中央红军从郴县、良田、宜章、乐昌间全部通过第三道封锁线。

中央红军通过国民党第三道封锁线后，蒋介石判明红军西进同红二、红六军团会师的战略意图，于11月12日任命何健为“追剿”军总司令，统一指挥原“围剿”中央苏区的西路军和北路军薛岳、周浑元两部共16个师77个团，“围剿”中央红军主力。同时命陈济棠部4个师进至湘粤桂边界进行截击，命李宗仁、白崇禧部以4个师驻防灌阳、兴安、全州、黄沙河一线，命王家烈部至湘黔边界堵击，意图将红军歼灭于湘江、漓水以东地区。

国民党诸路“围剿”部队，虽人数众多，但内部矛盾重重，难以配合。诸部中以何健较为积极，但何健对薛岳、周浑元等蒋系部队难以指挥调动。在此情况下，毛泽东、彭德怀等人曾先后建议利用敌军内部矛盾，趁其正在调动之时，抓住战机，组织力量反击，歼其一路或一部，以扭转战局，变被动为主动。但博古、李德自红军长征以后由“左”倾冒险主义变为了退却中的逃跑主义，拒绝了毛泽东、彭德怀等的合理建议，一味向西退却，消极避战，丧失歼敌良机，给后来突破第四道封锁线造成极大被动。

（二）伟大的转折

血染湘江

红军突破第三道封锁线时，蒋介石命令设置第四道封锁线，在湘江以东地区设下大包围圈，共投入16个师77个团，近30万人，并在各地大量修筑碉堡、工事，计划逐渐收缩包围圈，逼迫红军在湘江东岸决战，最终歼灭红军。

但国民党各地方军阀既不想同红军真打使自己遭受重大损失，又害怕蒋介石借机入境侵占自身地盘，所以实际上是貌合神离、各怀鬼胎。湘军何健部为保存实力，采取“送客”式的防堵。桂系李宗仁、白崇禧在红军不进入广西腹地的前提下，拟让开桂北一路，供红军通过，以减少损失。11月22日，桂军主力撤往恭城，自全州至兴安60公里的湘江，已无兵防守。但红军领导者对此重大变化并不了解，未能抓住有利时机督促大军渡江。反而因拖累过多、负担太重导致行军极为缓慢。至11月25日，中革军委才正式决定突破第四道防线，但已失去渡过湘江的有利时机。

11月26日，蒋系周浑元部进占道县，桂系为防止蒋系尾追红军进入广西，遂将部队由恭城移驻灌阳，同时湘军刘建绪部进占全州，意图封锁湘江渡口。至27日，国民党军已形成南北双向、一头一尾夹击红军之势，战场形势迅速恶化。

11月27日，红一军团第二师和红三军团第四师、第五师先后进抵湘江东岸界首一带，在脚山铺、光华铺、新圩等地阻击敌军，掩护中共中央、中革军委和红军各部强渡湘江。

11月27日~12月1日，中央红军以饥饿疲惫之师，血战五昼夜，终于渡过湘江，粉碎了蒋介石围歼中央红军于湘江以东的图谋，彰显了红军广大指战员英勇奋战的大无畏革命精神。但是，中央红军也为此付出了极为惨重的代价。从长征开始，尤其是经过湘江一役，中央红军由8.6万人锐减至3万人。担任掩护任务的红五军团第三十四师、红三军团第十八团被阻止在湘江东岸，战斗至弹尽粮绝，红军指战员大部分壮烈牺牲。

湘江战役的惨痛损失使广大红军指战员对博古、李德的错误领导进行反思，认识到第五次反“围剿”的失利至湘江战役的重大损失都是因为博古、李德等人“左”倾错误领导排斥毛泽东同志正确路线所致，“湘江一战宣告了‘左’倾冒险主义军事指导的破产”[1]，为遵义会议的召开，纠正“左”倾教条主义错误奠定了思想基础。

通道转兵

红军渡过湘江后，即向越城岭及其以西的西延地区（今资源县境）进发，稍作休整后，拟按照原计划向北进军，同红二、红六军团会师，但蒋介石早已判明中央红军意图，在进军路上布下重兵。

早在湘江战役进行之前，蒋介石就制定了所谓的《湘水以西地区剿匪计划大纲》，蒋介石计划如果在湘江以东不能全歼中央红军，则要防止其北上湘西与红二、红六军团汇合，将红军在湘江以西的湘南、桂北一带聚而歼之。

在此情况下，中共中央、中革军委负责人不顾敌人重兵埋伏，依然按原计划，准备北出湘西与红二、红六军团汇合。据此，红军迅速进至桂北越城岭、老山界山区并抵达桂、湘、黔交界处的龙胜和通道。

因国民党军主力部署于湘、桂边境一带，贵州东南部兵力较为空虚；且黔军战斗力差，内部矛盾重重；同时两广军阀同蒋介石争夺贵州，导致不能在贵州集中全力对付红军。这对红军避实就虚、进军贵州十分有利。但博古、李德仍一意孤行，顽固坚持由通道北出湘西的行军路线。在此危急关头，毛泽东力主放弃同红二、红六军团会合的原定计划，改向敌军兵力较为薄弱的贵州进军，以争取主动、挽救危局。

12月12日，中共中央在通道县境内召开非常会议。会议的中心议题是研究解决处于危机情况下的红军行军路线和战略方针问题。在会上，毛泽东坚决反对李德北进同红二、红六军团会合的意见，提出红军必须转进贵州、寻求机动、在川黔边创建新根据地的主张。对此，中央领导人张闻天、王稼祥、周恩来和朱德都表示赞同。

通道会议虽然短促，但这是第五次反“围剿”开始以后，毛泽东第一次在中央有了发言权，也是他的意见第一次得到了中央多数领导同志

1 中共中央党史研究室第一研究部编著：《红军长征史》，北京：中共党史出版社，2006年，第61页。

的赞同。通道会议后，中央红军依照中革军委命令，改变行军路线，西进贵州，暂时摆脱了险境，史称“通道转兵”。

黎平会议

12月15日，中央红军突破黔军防线，攻占贵州黎平和老锦屏。黎平位于黔、桂、湘三省交界处，地形复杂，交通不便，有利于红军隐蔽集结。在此期间，中革军委为充实作战部队，撤销红八军团建制,编入红五军团。同时决定军委第一、第二纵队合并为军委纵队，刘伯承任军委纵队司令员，陈云任政治委员。

通道转兵虽暂时使中央红军摆脱了险境，但自老山界就开始争论、到通道会议还没有定论的中央红军行军方向这一紧迫战略问题尚未解决。为解决此问题，中共中央政治局于12月18日在黎平召开会议。会议由周恩来主持，博古、周恩来、朱德、张闻天、毛泽东、王稼祥、李德等参加。会议根据周恩来、朱德、张闻天、王稼祥等多数人的意见，否定了博古、李德的错误主张，接受了毛泽东的正确意见。会议决定向黔北重镇遵义进军，建立川黔革命根据地。

黎平会议是一次关系红军命运、革命前途的重要会议。会议否定了博古、李德的错误战略方针，采纳了毛泽东灵活机动的战略战术思想，为遵义会议纠正“左”倾冒险主义在军事上的错误打下了基础。

黎平会议后，中央红军经贵州腹地向黔北挺进，先后攻克镇远、施秉、余庆、黄平等7座县城。于12月底占领乌江南岸的猴场。

因博古、李德对黎平会议的决议仍然持不同意见，主张不要过乌江，而应掉头东进同红二、红六军团会合。为纠正博古、李德的错误主张，确定红军进入黔北以后的行动方针，在中央政治局多数同志的要求下，1935年1月1日，中共中央政治局在猴场附近的宋家湾村召开会议。会议由周恩来主持，政治局委员博古、周恩来、毛泽东、张闻天、陈云及候补委员刘少奇、王稼祥、邓发参加会议，李德列席会议。会上再次否定了博古、李德的错误主张，重申了黎平会议的决议，决定红军强渡乌江，攻占遵义。

猴场会议继通道会议后，进一步批判了博古、李德“左”倾错误，红军继续准备渡过乌江北上，这次会议为党和红军指明了行动方向。

乌江又称黔江，是贵州第一大江，由西南向东北横贯贵州全省。两岸绝壁高耸入云，江面波涛汹涌，暗礁众多，自古有天险之称。国民党军沿乌江自茶山关经孙角渡、江界河、回龙场等100余公里设立防线。

为突破敌乌江防线，红一军团第一师第一团在杨得志的率领下，红一军团第二师第四团在耿飚、杨成武的率领下，于1935年1月1日分别到达乌江回龙场渡口和江界河渡口，但因敌军封锁，无船可渡。红军因地制宜扎竹筏作渡河工具。

1月1日晚，红一团组织熟悉水性的战士分两次偷渡乌江成功。至4日，红一军团主力和红九军团由此渡江完毕。

与此同时，红四团也组织熟悉水性的战士偷渡乌江，最终在连长毛振华的率领下，18名战士中有5人成功到达江对岸。2日上午，红四团开始强渡乌江，在已渡过江的毛振华等5人的配合下，一举突破乌江天险，中央纵队和红五军团由此通过。至6日，中央红军全部渡过乌江。

遵义会议

1月7日，中央红军在总参谋长刘伯承的指挥下占领遵义。随后，按照中革军委的命令，中央红军红一军团第二师经激战占领娄山关并趁势攻占桐梓城。红一师集结在遵义东北之新街，红十五师在老蒲场，红三军团在遵义以南的刀靶水、尚稽场、懒板凳，控制遵义通往贵阳的公路，扼守乌江北岸。红九军团驻扎在遵义东北的湄潭，红五军团驻扎在遵义东南的球场，干部团驻扎在遵义城担任警卫工作。至此，经过十多天的战斗，中央红军控制了以遵义为中心的黔北广大地区，从而为遵义会议的召开创造了有利条件。

1月15~17日，中共中央在遵义旧城军阀柏辉章的公馆召开政治局扩大会议，这就是著名的遵义会议。

出席会议的有政治局委员毛泽东、张闻天、周恩来、朱德、陈云、博古，候补委员王稼祥、刘少奇、邓发、凯丰，中央秘书长邓小平及红军总部和各军团负责人。李德和翻译伍修权列席本次会议。

会议首先根据刘伯承、聂荣臻的建议讨论了在川黔边建立根据地的可行性，决定放弃黎平会议确定的在川黔边建立根据地的计划，改为北渡长江，同红四方面军会合，在川西或川西北建立根据地。接着会议总结了第五次反“围剿”以来的经验教训，由博古做关于反对第五次“围剿”的总结报告，周恩来做了副报告，张闻天做反对“左”倾军事错误的报告。毛泽东做长篇发言，对博古、李德在军事指挥上的错误进行了切中要害的分析和批评，并阐述了中国革命战争的战略战术问题和此后在军事上应该采取的方针。

会议选举毛泽东为中央政治局常委，决定取消“三人团”，任命朱德为最高军事首长，周恩来为军事指挥者，委托周恩来为党内指挥军事下最后决心的负责者。

遵义会议把战争问题放在第一位，集中全力解决当时最紧迫的、关系到中国共产党和红军生死存亡的军事问题和组织问题，对认识尚不一致的政治问题留待以后解决。这样做适合当时多数同志的认识水平，符合实际情况，既保证最主要问题的解决，又维护了党内团结。遵义会议结束了“左”倾教条主义错误在中央的统治，开始确立毛泽东为代表的新的党中央的正确领导，在极端危急的历史关头挽救了党，挽救了红军，挽救了中国革命。遵义会议是攸关党的生死存亡的转折点，是中国共产党历史上独立自主解决中国革命和革命战争重大问题的开始，标志着中国共产党在政治上开始走向成熟。

中共中央和中央红军在遵义期间，放手发动群众，建立革命政权和扩充武装，在短短十余天时间，就有4000余人报名参加红军，使红军在兵员和物资方面得到了补充。建立了各级政权和工农武装及组织，据统计，红军在遵义期间共建立地方党组织1个、革命政权13个、群众组织和社团38个、武装游击队18支。

四渡赤水、鸡鸣三省会议和苟坝会议

红军进入黔北地区后，蒋介石集中大量兵力向遵义地区进逼，企图围歼中央红军于乌江西北、川黔边境地区。敌军总兵力约40万人，相当于中央红军的十倍多。

为粉碎敌人妄图将中央红军围歼于川黔边境地区的计划，实现遵义会议渡过长江同红四方面军会合、建立川西或川西北根据地的计划，中共中央率领中央红军在遵义会议后撤离重兵压境的遵义地区，北渡长江。

根据中革军委命令，中央红军分三路纵队向赤水方向疾进，并击溃

黔军侯之担部约3个团。1935年1月26日，红一军团红一师在黄陂洞与南下的川军遭遇，陷入敌人的三面包围之中，在敌众我寡的情况下，红军将士顽强战斗，最后突破敌军封锁线，退守旺隆场。红二师在复兴场也与川军展开激战，因敌增援部队赶到，在激烈的肉搏战后，红二师撤出复兴场。

与此同时，川军步步紧逼，川军郭勋祺部2个旅尾追红军不舍，其先头部队到达土城地区，川军模范师第三旅随郭部之后，另有一部进占习水。为击破川军追堵，1月28日晨，红三、红五军团及干部团在彭德怀、杨尚昆的统一指挥下，从南北两面向土城镇枫树坝、青杠坡（青岗坡）的川军发动攻击，经过激战，重创川军1个师。但随着敌军增援部队的迅速赶到，红军处境陷于不利，为扭转战斗局势，中革军委主席朱德亲自赴前线指挥作战，顶住了川军的疯狂进攻。

鉴于进占赤水、北渡长江的计划已难以实现，根据毛泽东的建议，中央红军决定撤出土城战斗，改北上渡江为西渡赤水河后再相机渡江。

1月29日凌晨，中央红军分左、中、右三路纵队，从土城浑溪口、蔡家沱、元厚渡渡过赤水河（一渡赤水），经川南古蔺、叙永地区，进至云南扎西（今威信）地区。

2月5日，中共中央到达威信鸡鸣三省地区，在此对政治局进行重新分工，由张闻天替代博古在党内“负总的责任”，博古留任政治局常委，由此开始了张闻天在党内“负总责”的时期。

2月10日，为加强战斗部队，中革军委对红军颁布整编命令。除干部团外，全军共整编为16个团，其中红一军团缩编为2个师6个团，红三军团缩编为4个团，红五、红九军团各编为3个团。部队整编后，连队力量得到进一步充实，部队战斗力和机动性大为增强。在此期间中央红军在扎西地区还大力开展群众工作，扩充红军3000余人。

中央红军集结于扎西后，蒋介石急调重兵到川、滇、黔三省交界地区进行围堵，并严密封锁长江沿岸。为争取主动，红军暂缓渡江计划，突然掉头东进，于2月18~21日由土城东南的太平渡、二郎滩渡过赤水河（二渡赤水），将围堵之敌甩于身后。

2月25日，红三军团第十三团经过激战，攻占娄山关。红一、红三军团乘胜追击，于28日晨重占遵义。红三军团参谋长邓萍在观察敌情时不幸中弹牺牲。中央红军在五天之内，取桐梓、占娄山关、再夺遵义城，共击溃和歼灭敌人2个师又8个团，毙伤敌2400余人，俘敌3000余人，缴获大批军用物资。这是在毛泽东等的指挥下，发挥红军运动战优势所取得的长征以来最大的一次胜利，极大地鼓舞了全军士气，狠狠地打击了敌人的嚣张气焰。

遵义战役后，蒋介石飞赴重庆，纠合蒋系、滇军、川军、黔军、湘军，企图将中央红军围困、歼灭于遵义、鸭溪一带。为应对蒋介石新的围攻，加强作战指挥，中革军委于3月4日决定组建前敌司令部，朱德任司令员、毛泽东任政治委员。

3月5~7日，中央红军分批离开遵义再次西进，同时成立遵（义）湄（潭）绥（阳）游击队，以牵制敌人，掩护主力部队西进。

3月15日，红军在仁怀县鲁班场包围守敌周浑元部3个师，双方展开激战，因周浑元部龟集一团，红军进攻未能奏效，且敌援军正在赶来，企图夹击红军。此时围绕是否攻打薛岳部固守的打鼓新场问题，中央负责人在苟坝召开会议，与会多数人主张打，而毛泽东在正确分析敌情后，坚决主张不能打，并提出今后不能再像过去那样，由那么多人指挥战斗，否则会贻误战机。经毛泽东、张闻天等提议，特在中央成立了由毛泽东、周恩来、王稼祥组成的新“三人团”，即三人军事指挥小组，全权指挥战斗。其后，中央红军为避免被动，再寻战机，主动放弃进攻鲁班场，转兵西进。于3月16~17日在茅台及其附近地区渡过赤水河（三渡赤水），向川南古蔺、叙永方向前进。

中央红军再次出现在川南，蒋介石以为红军又要北渡长江，急调重兵围堵。当敌重兵集结四川南部时，红军又突然折回，于3月21~22日，以隐蔽、神速的动作，分别经二郎滩、九溪口、太平渡通过赤水河（四渡赤水）。

中央红军突然东渡赤水河，使蒋介石惊慌失措，不得不重新调整部署部队，企图在遵义地区将红军“一网打尽”。

3月26日，中央红军进至遵义、仁怀大道北侧的干溪、马鬃岭地区，并决定南下。为隐蔽南进的真实意图，以红九军团伪装主力，向长干山、枫香坝佯攻，以吸引敌人北进。红九军团在完成掩护任务准备南渡乌江时，被阻于乌江北岸，此后开始独立活动。

3月31日，红军主力分路由江口、大塘、梯子岩等处南渡乌江，进至息烽地区，跳出了蒋介石苦心经营的包围圈，将敌人几十万军队甩在了乌江北岸。

巧渡金沙江

中央红军南渡乌江，大出蒋介石意料。毛泽东为调虎离山，乘胜进军云南，决定佯攻贵阳。当时蒋介石正在贵阳督战，而贵阳及其附近仅有敌军郭思演部4个团，兵力十分薄弱。蒋介石急令各部火速增援贵阳，同时令守城部队赶修城防工事，死守飞机场，准备随时逃跑。

4月上旬，正当国民党军纷纷向贵阳以东集中，云南境内兵力空虚之际，中央红军主力突然由清水江地区急转南下，分兵左右2个纵队，由贵阳、龙里之间突破敌人防线，越过湘黔公路，相继占领兴仁、兴义地区。4月24日，中央红军进入云南。27日占领马龙，接着攻占寻甸、嵩明，前锋直指昆明。红军逼近昆明，云南全境震动。其时因滇军大部已调往贵阳，昆明城内和周边地区防守非常空虚，云南省主席龙云为此大惊失色。为保卫昆明，龙云电催滇军孙渡部火速回援，同时调集云南各地民团防守昆明，这就进一步削弱了云南各地和金沙江南岸的防御力量，为红军强渡金沙江，北上川西造成了有利条件。

在敌人全力向昆明急进时，中央红军出其不意向滇西北和金沙江南岸方向前进。5月2日，中央红军先头部队到达金沙江皎平渡口，准备渡过峡谷险峻、江水湍急的江面。担任渡江任务的干部团在刘伯承的率领下，于3日深夜偷渡成功，全歼守敌。经过七天七夜，在各族群众特别是船工的热情支持下，仅凭7只渡船，中央红军主力全部渡过金沙江。在此期间，单独行动的红九军团也在会泽以西渡过金沙江。

（三）挺进川西北

会理会议

中央红军渡过金沙江后，按照中革军委决定，除以红三军团和干部团围攻会理城外，其他部队在会理地区进行短暂休整。

遵义会议后，中央红军在毛泽东的指挥下，一反过去的被动状态，声东击西，机动灵活，取得了四渡赤水和强渡金沙江的胜利。但由于部队连续作战，非常疲惫，有时为甩掉敌人，不得不走一些冤枉路。对此，教条宗派主义者心中不服，即使一些原来拥护毛泽东的红军将领也不理解。林彪就是其中之一，他一直埋怨走的尽是“弓背路”，认为应该走“弓弦路”，甚至说：“这样会把部队拖垮的，像他（指毛泽东）这样领导指挥还行！”

对此，中共中央在会理郊区的铁场召开政治局扩大会议，即“会理会议”，毛泽东主持会议。会议批评了林彪的错误言论，总结和肯定了遵义会议以来在黔滇川边实施大规模运动战的经验，讨论了中央红军渡江后的行动计划，决定立即北上，强渡大渡河，同红四方面军会师。会理会议统一了党的认识，维护了党和红军的团结，进一步巩固了遵义会议的成果。

通过彝族区

5月15日，中央红军离开会理北进。17日，占领德昌。19日，绕西昌而过。21日，攻占冕宁县城。这是红军入川后夺取的第一个县城，随即在这里成立了冕宁县革命委员会和冕宁县抗捐军。

自5月21日起，中央红军从冕宁泸沽地区分为左右两路北进，经彝族聚居区向石棉县安顺场前进，以强渡大渡河。

冕宁北面的大凉山是彝族聚居区，为顺利通过彝族区，由红一军团第一师第一团和1个工兵排组成中央红军先遣队，由刘伯承兼司令员，聂荣臻兼政治委员，率先向大凉山彝族区进军。同时，中共中央以红军总司令朱德的名义发布《中国工农红军布告》，宣传中国共产党和红军的少数民族政策，号召彝族群众同红军一道推翻国民党反动统治。

5月22日，先遣队在冕宁北25公里处的袁居海子（今彝海子）遭到彝族罗洪、老伍、沽基等部族武装的阻拦。红军先遣队一面向彝族群众宣传共产党的民族政策和红军的宗旨，一面派代表同彝族首领谈判，按照各部族武装不同的政治态度，采取不同的政策：对受国民党蒙蔽、不了解红军政策的老伍族说服其保持中立；对受国民党利用同红军对立的罗洪族采取政治上争取、军事上一定程度打击的政策，迫使其停战言和；对同红军比较友好的沽基族则赤诚相待，争取其全力支持。红军总参谋长兼中央红军先遣队司令员刘伯承根据彝族习俗，在彝海同沽基族首领小叶丹歃血为盟，结为兄弟，并赠送枪支弹药，帮助其成立“中国彝民沽鸡支队”。“彝海结盟”是红军长征过程中执行党的民族政策的典范，成为后世广为传颂的民族团结佳话。

与此同时，红军释放了数百名被国民党关押的彝族群众，焚烧了县府的地亩银两册簿和人犯、人质文书档案。由于红军的正确政策，中央红军得到了广大彝族同胞的支持。5月23日，中央红军主力由小叶丹带路，进入彝族区，红军所到之处纪律严明、秋毫无犯，受到了彝族同胞的热烈欢迎。在彝族同胞的帮助下，红军顺利通过彝区，并接受了一批彝族青年参加红军。

强渡大渡河

中央红军通过彝族区后，日夜兼程向大渡河前进。蒋介石调集十余万兵力，在大渡河沿线重兵设防，赶筑碉堡工事，企图凭借大渡河天险使中央红军成为“石达开第二”[1]。

红军先遣队红一师第一团在通过大凉山彝族区后，冒着大雨急行军70多公里，于5月24日到达安顺场，并歼灭守敌2个连，控制了渡口，缴获渡船一条。25日，红一团开始强渡大渡河。以二连连长熊尚林为首的17名勇士，在船工的帮助下，冒着敌人密集的火力，冲破惊涛骇浪和重重火网，终于登上对岸。经过激烈战斗，击溃守敌，控制了对岸渡口，巩固了滩头阵地，从而在敌人视为天险的大渡河防线上撕开了一个缺口。

红一团虽然成功渡河，但因河面太宽不能架桥，而可用渡船仅有一只，难以满足全军渡河的需要。为使主力迅速渡过大渡河，摆脱追击之敌，中革军委决定改向西北，夺取距离安顺场160公里的泸定桥。5月27日拂晓，左纵队先头部队红一军团第二师第四团从安顺场出发，沿大渡河右岸急行军，于29日晨袭占泸定桥西桥头。当日下午4时，红四团发起夺桥战斗。由二连22名共产党员和积极分子组成的突击队，在连长廖大珠率领下，冒着敌人密集的火力，攀爬着被拆去桥板的铁锁链，冲向

1 清同治二年（1863年），太平天国翼王石达开兵败大渡河，3万多太平军在此全军覆没。

对岸，攻入泸定城。

红四团占领泸定桥后，沿大渡河左岸北上的红一师和干部团，在刘伯承、聂荣臻的率领下，也日夜兼程，在击破敌人1个团兵力的阻拦后，顺利达到泸定城。

6月2日，毛泽东、周恩来、朱德等中央领导人率中央红军主力由泸定桥渡过天险大渡河，蒋介石妄图使中央红军成为“石达开第二”的梦想彻底破灭了。

翻越夹金山

夺取泸定桥当晚，中共中央在泸定城召开政治局会议。会议决定红军北上走雪山草地一线，避开人烟稠密地区，同时决定派遣陈云赴上海，恢复白区党的组织。

随后中央红军沿河南下，然后分路向天全、芦山进发。6月8日，中央红军一举突破敌人芦山、宝兴防线，经盐井坪、崔店子到达夹金山脚下的大硗碛地区。大硗碛地区位于宝兴县北部，是藏族聚居区，地处偏僻、气候寒冷、贫困落后。红军进入后，十分注意宣传工作，贯彻党的民族政策。

夹金山位于大硗碛以北，是中央红军长征途中跨越的第一座大雪山，海拔4000米，终年积雪，空气稀薄，道路崎岖，没有人烟。气候变幻无常，时阴时晴，时雪时雨，忽而冰雹骤降，时而狂风大作，素有“神山”之称。来自南方衣着单薄的红军指战员要翻越这片人迹罕至、鸟兽无踪的雪山高峰，困难是难以想象的。

6月12日拂晓，中央红军从大硗碛出发，经过烧鸡窝、一支箭、五倒拐等地，向夹金山顶进发。英雄的中央红军广大指战员怀着必胜的坚定信念，发扬不怕苦不怕死的革命精神，同心同德，团结互助，战胜风雪、严寒、高山缺氧等重重险阻，终于征服了长征路上第一座大雪山。但是也有不少伤病员倒在雪地上再也没有站起来，他们为中国人民的解放事业，长眠于雪山之巅。

6月17日，毛泽东同朱德、周恩来等翻越夹金山至达维镇。其后，毛泽东在著名的《长征》诗中描述了红军过雪山后的喜悦之情：“更喜岷山千里雪，三军过后尽开颜。”

（四）红一、红四方面军会师

懋功会师

1935年6月12日，中央红军先头部队红一军团第二师第四团历尽艰险翻过夹金山，到达懋功县城东南的达维镇，在达维镇木城沟同前来迎接中央红军的红四方面军先头部队第九军第二十五师第七十四团[1]胜利会师。中央红军、红四方面军先头部队会师的喜讯，通过电台迅速传到了各自总部。在以后数天里，中共中央、中央红军的领导人和红四方面军的领导人互相致电，热烈祝贺两军胜利会师。6月17日，毛泽东、朱德、周恩来、张闻天等中央委员翻过夹金山，来到达维，受到了红四方面军先头部队的热烈欢迎。6月18日，中共中央到达懋功，与负责接应的红三十军政治委员李先念所率第八十八师会师。懋功会师使中央红军和红四方面军的指战员备受鼓舞。两支部队开展了互相慰劳、互相捐赠、互访互学和比赛联欢等活动。

懋功会师粉碎了蒋介石阻止中央红军和红四方面军会师、各个消灭红军的计划，壮大了红军力量，为日后两军统一在中共中央和中革军委的直接领导下开创新的局面，创造了十分有利的条件。

两河口会议

懋功会师后，围绕红军下一步的战略发展方向，中共中央和张国焘产生了严重的分歧，中共中央根据实际情况，主张集中力量向东向北发展，在川陕甘建立根据地，而张国焘主张南下进攻。为统一思想、解决分歧，中共中央政治局于1935年6月26~28日在懋功县两河口举行了扩大会议，即两河口会议。会议由张闻天主持，出席会议的有张闻天、毛泽东、周恩来、朱德、博古、王稼祥、张国焘、刘少奇、邓发、凯丰、刘伯承、李富春、林彪、彭德怀、聂荣臻、林伯渠等。

周恩来做了目前战略方针的报告，提出了北上川陕甘建立根据地的方针。会议一致通过了北上建立川陕甘革命根据地的战略方针。两河口会议是两大红军主力会师后的一次重要会议，为两个方面军下一步的行

1 一说为第二十七师第八十团。

动指明了方向。

根据两河口会议精神，6月29日，中革军委制定了《松潘战役计划》，决定迅速消灭松潘地区胡宗南部，控制松潘以北和东北各道，为北上甘南打开通道。同日，中共中央政治局常委会决定增补张国焘为中革军委副主席，徐向前、陈昌浩为中革军委委员，以解决两军统一指挥问题，为实现北上战略提供组织保障。

随后中央红军和红四方面军分别行动。6月30日前后，毛泽东、张闻天、周恩来、朱德等中共中央和中革军委领导人离开两河口北进，在连续翻越梦笔山等大雪山后，于7月10日到达芦花。在这里一面筹集粮食，一面耐心等待张国焘执行两河口会议决定，率军北上，会攻松潘。

北上南下之争

两河口会议上，张国焘虽然同意中共中央提出的北上战略方针，但实际上他畏惧敌人，想避开敌人主力，南下四川、西康。会后，张国焘借口“统一指挥”和“组织问题”没有解决，对红军北上行动虚与委蛇，使红军丧失了乘国民党军胡宗南部尚未就位，立足未稳，利于攻占松潘、突围北上的大好时机。同时随着张国焘个人野心的日益膨胀，他一再要求中央改组中革军委和红军总司令部。

为团结红四方面军，周恩来主动让出红军总政委一职。7月18日，中央政治局在芦花召开常委会扩大会议，讨论组织问题。会议最后决定张国焘任红军总政委，陈昌浩增补为中革军委常委，博古任红军总政治部主任。21日，中革军委决定组织前敌总指挥部，以徐向前兼任总指挥，陈昌浩兼任政委，叶剑英任参谋长。为分清大是大非问题，统一认识，促进团结，7月21~22日，中共中央又在芦花召开政治局扩大会议，集中讨论红四方面军的问题。会议由博古主持，张闻天、毛泽东、周恩来、朱德、王稼祥、凯丰、邓发、李富春、刘伯承、张国焘、徐向前、陈昌浩等参加会议。会议肯定了红四方面军各项工作的成绩，同时也批评了张国焘的某些错误。会后，中共中央和中革军委领导人离开芦花，翻越仓德山和打鼓山，于28日到达毛儿盖。

8月初，随着局势发生变化，《松潘战役计划》已无法实施。红军总部又制定了《夏洮战役计划》，决定迅速北进向夏河流域发展。以中央红军第五、第三十二军和红四方面军第九、第三十一、第三十三军组成左路军，由朱德、张国焘率领，向阿坝地区开进；以中央红军第一军和红四方面军第四、第三十军组成右路军，由徐向前、陈昌浩指挥，向班佑、巴西地区开进；以彭德怀率第三军和第四军一部作为总预备队，掩护中央机关前进[1]。

此时，张国焘又节外生枝，提出要解决“政治路线”问题，并提出红四方面军进入中央委员会和政治局委员名单。8月4~6日，中共中央在毛儿盖的沙窝寨召开政治局扩大会议。会议重申了两河口会议确定的创建川陕甘革命根据地的战略方针，要求加强党在红军中的领导，提高党中央在红军中的威信，强调了中央红军和红四方面军团结的重要性。会议明确提出“开展反右倾机会主义斗争是目前中心任务之一”。会议增补陈昌浩、周纯全为政治局委员。

会后，张国焘依然借故推脱，不执行北上计划。8月20日，中共中央政治局在毛儿盖再次召开会议，要求左路军迅速向右路军靠拢，共同北上。会议改变了《夏洮战役计划》的部署，变右路军为北进主力，这一变动具有重大的历史意义，后来的历史发展证明了这一改变的正确性。

从懋功会师到毛儿盖会议3个多月时间中，中共中央同张国焘之间开展了反反复复的北上南下之争。究其原因是张国焘对敌人的恐惧心理、对前途的悲观失望及其本人的个人野心造成的。

征服草地

川西北草原因历史上为松潘所辖，又称松潘草原。松潘草原位于青藏高原和四川盆地连接处，地理位置偏僻，纵横几百公里，面积约15200平方公里，海拔在3000~4000米，气候变化无常、环境恶劣、人烟稀少。

红军虽然对于草地行军做了一定准备，但由于连续作战、长途跋涉、物资奇缺，加以环境恶劣，处境极其艰难。8月18日，右路军先头部队3个团在前敌总指挥部参谋长叶剑英和红三十军军长程世才的率领下，从毛儿盖出发，进军草地。21日，红一军军长林彪率红一军第二师从毛

---

1 1935年7月21日，中革军委决定将中央红军第一、第三、第五、第九军团依次改为第一、第三、第五、第三十二军。红四方面军各军番号不变。

儿盖地区出发，经腊子塘、色即坝等地向班佑开进。22日，中共中央领导人张闻天、毛泽东、博古等与前敌总指挥部随红三十、红四军北进。23日拂晓，红一军主力北上，军委纵队、红三军、红军大学随后跟进。

一场征服川西北草地的行军就此开始。红军以顽强的革命乐观主义精神和坚韧不拔的钢铁意志，顶风雨、冒严寒、忍饥挨饿、历经艰险，经过六七天的行军，终于跨过茫茫草原，创造了中外军事史和人类历史上的一大奇迹。8月底，右路军胜利达到班佑、巴西、阿西地区。

8月29~31日，右路军红四、红三十军发起包座战斗，一举攻克包座，歼敌4800余人。包座战斗是红一、红四两个方面军会师后，红四方面军在中央领导下取得的一次重大胜利，战斗的胜利打开了红军北上甘南的门户，为实现中央北上战略方针创造了有利条件。

中共中央先行北上

包座战斗之后，右路军红一军由阿西进至拉界地区，红三军驻扎于班佑、巴西、阿西地区，红四、红三十军位于求吉寺、上包座地区，中共中央、中革军委机关和前敌指挥部驻潘州。按照中央政治局决定，右路军一面休整一面等待左路军向班佑地区集中，共同北进。

左路军先头部队于8月21日占领阿坝后，张国焘却又坚持左路军以阿坝为后方，出夏河、洮河地区，对左右两路分兵北进的计划按兵不动。

在中共中央一再电示和徐向前、陈昌浩的劝告下，张国焘才开始命令左路军向班佑行动。但张国焘于9月初又公然反对中央北上方针，并决定率部南下。9月8日，他电令徐向前、陈昌浩“一、三军暂停留向罗达进，右路军即准备南下”。这封电报标志着中共中央的北上方针和张国焘的南下方针之争，达到了空前激化的状态。

9月9日，张国焘又致电陈昌浩，令其率右路军南下，“彻底开展党内斗争”。鉴于张国焘顽固坚持南下主张，一再违抗中央指示，中共中央决定连夜率领红一方面军主力先行北上，并通知在俄界的林彪、聂荣臻，行动方针有变，命令红一军原地待命。10日凌晨，中共中央率红三军、红军大学离开巴西、阿西等地，向俄界进发。同时，叶剑英也以“打粮准备南下”为名，带走了军委纵队。

9月11日，中共中央率红三军和军委纵队等到达甘肃省迭部县俄界。在此期间，中央依然积极争取张国焘北上，但遭其拒绝。12日，中共中央政治局在俄界召开扩大会议，通过《中共中央关于张国焘同志的错误的决定》，揭露了张国焘分裂党、分裂红军的严重错误。会议决定，红一军、红三军和军委纵队改编为中国工农红军陕甘支队。会后，中共中央率陕甘支队迅速北上。根据俄界会议精神，党中央对于张国焘的错误，仍然坚持党内斗争的方针，在严肃指出他错误的同时，希望他能悬崖勒马、幡然悔悟，但张国焘一再拒绝中央的劝告和挽救，继续坚持其南下的错误主张，率左路军和右路军中的红四、红三十军南下。毛泽东曾多次说过，南下是绝路，后来历史证明了这一判断的正确性。

（五）革命大本营奠基西北

突破腊子口

1935年9月13日，中共中央、中革军委率由红一方面军主力组成的陕甘支队从俄界、罗达地区出发，乘甘南兵力比较薄弱、西固到岷县封锁线尚未筑成之际，迅速越过岷山，逼近腊子口。

腊子口位于甘肃迭部县，是四川通往甘肃的重要隘口，素有天险之称。隘口两侧是悬崖绝壁，中间是水深流急的腊子河，易守难攻。敌人在这里部署了2个营的兵力，自山口至岷县，又纵深配置3个团的兵力，严密封锁红军北上道路。

夺取腊子口，是突破敌人封锁、进入甘南的关键性一战。红军先头部队第一军第四团在团长王开湘、政委杨成武的指挥下，于9月16日夜至17日，采取正面强攻和翻山迂回相结合的办法，勇猛出击，出奇制胜，一举攻下腊子口。“腊子口一战是红军长征途中少见的硬仗之一，是出奇制胜的一战。体现了红军一不怕苦，二不怕死的硬骨头精神。彻底粉碎了蒋介石企图把红军困死、饿死在雪山草地的罪恶计划。”[1]

胜利到达吴起镇

9月18日，红军先头部队乘胜占领哈达铺，主力随后跟进，并在哈

1 《杨成武回忆录》，北京：解放军出版社，1987年，第268页。

达铺进行短暂的休整。中共中央在这里获得了一些国民党报纸如《大公报》、《山西日报》等，得知了陕北还有刘志丹领导的苏区根据地、徐海东领导的红二十五军活跃在陕甘地带、陕甘苏区正在蓬勃发展的消息。据此，毛泽东做出中央红军落脚陕北的决定。同时按照中央政治局俄界会议的决定，将军委纵队和红一方面军主力正式编为中国工农红军陕甘支队，彭德怀为司令员，毛泽东为政治委员，下辖3个纵队。

哈达铺再向北属于回民聚居区。为了做好民族工作，中革军委特颁发《回民地区守则》，要求红军指战员严格遵守。

9月23日，陕甘支队遵照中共中央指示，以一部兵力佯攻天水，以调动敌军向该地区集中，主力乘机迅速折往西北，摆脱敌人重兵阻击，并在鸳鸯镇和山丹镇之间渡过渭河，到达通渭县榜罗镇。28日，中央政治局在榜罗镇召开常委会，决定放弃俄界会议确定的行动方针，改为率领陕甘支队迅速北上，同西北红军和红二十五军会合，在陕北保卫和扩大苏区。

榜罗镇会议后，红军陕甘支队按照中共中央确定的新方针，向陕北进军。1935年9月29日，陕甘支队攻占通渭县城。10月2~5日，先后进占甘肃静宁县西兰公路、界石铺和德隆县的单家集等地。5~7日，翻越长征途中最后一座高山——六盘山。翻越六盘山后，毛泽东心情顿时“豁然开朗”，即兴赋词一首，即《清平乐·六盘山》。

此后，第一纵队在甘肃固原县青石嘴与敌两度激战，歼敌数百人，缴获战马100余匹，并用缴获的战马建立了自己的骑兵部队。此后，陕甘支队绕道环县、曲子镇，晓行夜宿，长驱东进。10月19日，红军陕甘支队胜利到达陕北根据地吴起镇。为了将尾追敌军阻拦于陕北革命根据地之外，21日，根据毛泽东的指示，彭德怀部署和指挥了吴起镇战斗，击溃追敌骑兵4个团，俘虏敌官兵200余人，缴获战马200余匹。此后，吴起镇名声大噪，国民党军一时不敢再来进犯。

中共中央率领陕甘支队胜利到达陕北苏区吴起镇，标志着红一方面军（中央红军）长征的胜利结束。[1]

1　中共中央党史研究室第一研究部编著：《红军长征史》，北京：中共党史出版社，2006年，第273页。

陕甘根据地的巩固和壮大

1935年10月22日，中共中央在陕北吴起镇召开政治局扩大会议，指出党和红军今后的战略任务是建立西北苏区，领导全国革命。

陕甘支队在吴起镇进行短暂休整后，于10月底经保安东进。11月初，在甘泉地区的象鼻子湾[1]同红十五军团会师。11月3日，中华苏维埃共和国中央政府决定成立中国工农红军西北革命军事委员会，毛泽东为主席，周恩来、彭德怀为副主席。西北革命军事委员会宣布恢复红一方面军番号，彭德怀任司令员，毛泽东任政治委员。

中共中央到达陕甘苏区以及红一方面军主力同红十五军团的胜利会师，对国民党是一个巨大的威胁。10月28日，国民党“西北剿总”决定调整部署，以5个师的兵力，分别由富县、合水东西对进，企图乘红军立足未稳，围歼中共中央机关和红一方面军于北洛水以西葫芦河以北地区。此时，敌军进攻总兵力达3万人，红军兵力仅为1万余人，且武器装备明显处于劣势。中共中央在分析敌我形势后，决定在直罗镇消灭敌军。

直罗镇是一个不过百户人家的小镇，三面环山，形如口袋，地形十分有利，是打伏击战的好战场。11月20日晚，毛泽东下达作战命令。红十五军团的1个连将国民党军一〇九师诱进直罗镇后，红一、红十五军团从南北两面发起猛烈进攻。战役自20日持续到24日，共歼灭敌1个师又1个团，毙敌师长牛元峰、团长石世安、郑树藩及以下官兵1000余人，俘虏5367人，彻底打破了国民党军对陕甘根据地的第三次“围剿”，为党中央把全国革命大本营放在西北，举行了隆重的奠基礼。

随着日本帝国主义对中国侵略的不断加深，中国与日本之间的民族矛盾成为国内主要矛盾。中共中央根据国内政治形势的变化，更加明确地提出了抗日民族统一战线政策，决定实行战略策略的转变。1935年12月17~25日，在陕北瓦窑堡召开政治局扩大会议，会议全面分析了中国政治形势的发展和变化，确定建立抗日民族统一战线的总政策，指出党在新形势下的战略方针是把国内战争和民族战争结合起来。会议决定要准备直接对日作战的力量，猛烈扩大红军，要打通抗日路线，巩固和扩

---

1 一说下寺湾。

大现有苏区。

1936年2~5月，红一方面军以“中国人民红军抗日先锋军”名义进行东征战役，消灭敌人7个团，俘虏4000余人。在此期间有8000余人踊跃参军，在山西20多个县播下了抗日的种子，发展了抗日和革命力量。但是，红二十八军军长刘志丹同志在东征中不幸牺牲。5~7月，由红一方面军主力组成的西方野战军进行西征战役，俘虏敌军2000余人，开辟了纵横各200公里的陕甘宁新根据地，为下一步迎接红二、红四方面军，实现三大主力会师，创造了有利条件。

在东征和西征期间，中共中央同东北军和十七路军积极开展统战工作，分别与张学良和杨虎城达成互不侵犯、联合抗日的协议。为巩固和扩大陕甘革命根据地，开创西北地区抗日统一战线新局面，奠定了坚实的基础。

中央红军（红一方面军）长征遗迹

中央革命军事委员会旧址

全国重点文物保护单位

位于江西省赣州市于都县贡江镇窑塘村。旧址为朱姓民居，建于清末。1934年10月12日，中革军委从瑞金撤离，来到于都集结休整，在这里召开了军事扩大会议，研究部署红军主力突围转移问题。10月18日傍晚离开朱屋，在于都城东面渡口渡过于都河开始长征。

红三军团长征集结地

位于江西省赣州市于都县车溪乡车胜村。1934年10月14~16日，红三军团第四、第五、第六师从宁都、兴国转移到车溪圩集结休整，进行兵员、粮款的补充。17日到18日傍晚在县城南门、西门渡过于都河，踏上长征之途。

赣南省三级干部大会旧址

全国重点文物保护单位

位于江西省赣州市于都县向阳居委会交通巷12号。晚清建筑。1934年10月15日，中共赣南省委在此召开三级干部大会，部署掩护红军战略转移、开展游击战争、实行坚壁清野等工作。毛泽东鼓励到会全体干部要树立革命信心，坚持斗争。

罗塘谈判旧址

位于江西省赣州市寻乌县罗珊乡原乡政府院内。旧址建于1914年，原为天主教牧师住房，坐北朝南，为河石、三合土夯筑成石灰墙体两层瓦面小洋房。1934年10月，根据朱德、周恩来指示，中央派何长工、潘汉年为代表从会昌到罗塘与粤军陈济棠部代表杨幼敏等进行秘密谈判，谈判取得了成功，并达成5项协议，为红军突围转移创造了有利条件。

红三军团长征动员会旧址

位于江西省赣州市于都县贡江镇红旗村东门外沙滩。1934年10月14日，红三军团出发长征前在此召开了全军动员大会，彭德怀、杨尚昆作动员报告，告诫全军指战员坚定信心，红军一定会回来。

毛泽东、周恩来等和中央直属机关长征第一渡口

全国重点文物保护单位

位于江西省赣州市于都县贡江镇古田村渡口纪念碑园南贡江岸边。1934年10月18日傍晚，毛泽东、周恩来等和中央直属机关由县城东门渡口渡过于都河开始长征。

中央红军第一军团长征渡口
——山峰坝渡口

全国重点文物保护单位

位于江西省赣州市于都县梓山镇山峰村贡江北岸。1934年10月8日，中央红军第一军团撤离战场到于都县段屋乡铜锣湾一带集结休整，随后于10月17日到18日傍晚从山峰坝渡口渡过于都河，开始长征。

红五军团第三十四师长征渡口

全国重点文物保护单位

位于江西省赣州市于都县罗坳镇鲤鱼村贡江北岸。1934年10月初，中央红军第一、第三、第五、第八、第九军团分别从瑞金、兴国、宁都、石城等地来到于都集结修整补充后，于17~20日渡过于都河（贡江），开始长征。

红八军团长征出发渡口

全国重点文物保护单位

位于江西省赣州市于都县罗坳镇孟口村。渡口为自然简易渡口。1934年10月9日，红八军团从兴国来到于都孟口地区集结，于10月19日傍晚从孟口渡口渡过于都河，开始长征。

红九军团长征集结出发地

位于江西省赣州市会昌县珠兰乡渡口。1934年9月底，在长汀南部狙击国民党东路军的红九军团奉中革军委命令，将防务工作交给了红二十四师，全军团经瑞金等地，于10月10日进抵会昌珠兰集结。红军在集结休整期间充实了部队，得到了人民群众的热情慰问和物质慰劳。16日，红九军团作为中央红军左翼后卫，从这里踏上了长征之路。

洪超烈士之墓

位于江西省赣州市信丰县新田镇百石村围洞山山坡上。该墓坐南朝北，砖石结构，通长2.24、宽3.4、高3.8米，总占地面积190.65平方米。1934年10月21日，中央红军长征第一仗在江西省信丰县百石村打响，时任红四师师长的洪超在第一线指挥，不幸被敌人流弹击中，壮烈牺牲。洪超烈士是中央红军长征路上牺牲的第一位师长。

古陂中革军委旧址

位于江西省赣州市信丰县古陂镇太平村下杨坊组。原为下杨坊祠堂，建于清代。1934年10月21日，中央红军在信丰新田、古陂发起突破敌人第一道封锁线的战斗。23日晚，属中央第一纵队的中革军委总部由百石抵达古陂杨坊，在这里休整了两天，于25日下午离开，向坪石前进。

红一军团一师指挥部旧址

位于广东省韶关市乐昌市九峰镇浆源村委会埂背村刘德成家。建于民国时期，20世纪90年代初重修。1934年10月，红军长征经过九峰浆源，于观音山遭国民党阻击。红一师以刘屋作临时指挥部，打退了敌人的进攻。

长安营红军长征纪念塔

位于湖南省邵阳市城步苗族自治县长安营乡长坪村七组。1934年12月，红军从南山出发到长安营长坪村聚龙桥东头的坪上宿营，当时虽然是寒冷的冬天，但中央红军宁愿睡在草坪上、树林里、桥亭上、庙宇里和民房的屋檐下，也不随便进入民房、不动用群众一针一线。当地人民为缅怀革命先烈，在原茶亭旧址上建红军纪念亭。

红军墓

位于湖南省郴州市嘉禾县石羔乡浦口村赤珠岭。坐北朝南，占地面积103平方米。1934年11月17日，中央红军“红星”纵队后卫之一部渡过钟水向蓝山方向挺进，经过石羔甫口村时与国民党第十七军李云杰部遭遇，34名红军战士牺牲，当地群众将烈士合葬在甫口村赤珠岭，并立有墓碑。

“半床棉被故事”发生地

位于湖南省郴州市汝城县文明乡沙洲村。属典型的湘南古民居，房屋外部有体现湘南古民居艺术特色的三雕（木雕、石雕、砖雕）彩绘和吉语等。1934年11月上旬，红一方面军卫生部在突破第二道封锁线后到达文明乡沙洲村宿营休整。徐解秀夫妇热情接待了三个女红军战士。第二天，三个女战士决定把唯一的一条被子送给徐解秀夫妇，但为徐解秀夫妇坚拒。最后，女战士把被子剪成两半，一半自带继续长征，一半送给徐解秀夫妇。徐解秀深感红军是老百姓自己的军队，让丈夫跟随红军长征。她的丈夫再也没回来。

红一方面军司令部旧址

位于湖南省郴州市汝城县文明乡秀水村朱义辉家。该建筑始建于清咸丰年间。1934年11月7日，红一方面军长征冲破国民党第二道封锁线后，红一方面军司令部即在此驻扎。

洪观遗存红军战壕

位于湖南省永州市蓝山县洪观办事处洪观村北的山丘上。战壕由小青片石垒成，战沟深约1.5、宽0.7~0.8、长200米左右。1934年，红军长征经土桥圩过洪观时与当地国民党势力展开战斗。

中央机关渡江指挥部旧址

全国重点保护文物单位

位于广西壮族自治区桂林市兴安县界首镇下街。原名三官堂，建于1912年。1934年红军长征时，中共中央、中革军委领导人曾在此设立临时渡江指挥部，指挥湘江战役。

新圩阻击战战地救护所旧址

全国重点文物保护单位

位于广西壮族自治区桂林市灌阳县新圩乡和睦村下立湾屯蒋氏宗祠。始建于清道光四年（1834年）。1934年中央红军强渡湘江时，为掩护中共中央、中革军委渡过湘江，红三军团与敌激战，为救治伤员，在新圩前沿阵地设立了战地救护所。

中革军委旧址

位于广西壮族自治区桂林市龙胜各族自治县平等乡龙坪村龙坪寨，建于1912年。1934年红军长征经过龙胜并驻扎在龙坪寨上，中革军委机关设在这座侗族民房里，朱德曾在此签发行动部署命令。

红军桥

位于广西壮族自治区桂林市龙胜各族自治县伟江乡布弄村潘寨组，原名顺风桥，始建于清光绪年间。该桥是龙胜县境内唯一一座苗族单拱长廊式瓦盖桥，建筑形式独特。1934年冬，中国工农红军突破湘江，翻越老山界进入龙胜，红九军团后卫部队在此桥阻击国民党追兵。红军本来可以断桥阻敌，但考虑到党的民族政策，并没有把桥炸毁。在阻击战中，有十多名红军战士伤亡。

黎平会议会址

全国重点文物保护单位

位于贵州省黔东南苗族自治州黎平县德凤镇二郎坡52号。原为胡荣顺店铺，始建于清嘉庆年间。1934年12月18日，中共中央在此召开长征途中第一次政治局会议，参加会议的有毛泽东、周恩来、朱德、王稼祥、张闻天、博古等。会议通过了《中央政治局关于战略方针之决定》。黎平会议是一次关系红军命运、革命前途的重要会议，为遵义会议的召开奠定了基础。

猴场会议会址

位于贵州省黔南布依族苗族自治州瓮安县草塘镇猴场村宋家湾村民组。建于1921年，为四合院建筑，四周为砖砌桶墙，俗称“桶子屋”。1934年12月31日~1935年1月1日，中共中央在此召开政治局会议，重申了黎平会议精神，做出了《中央政治局关于渡江后新的行动方针的决定》，从根本上结束了“三人团”的军事指挥独断权，并制定发布了红军进入贵州以来的第一个瓦解贵州军阀部队的文件《关于瓦解贵州白军的指示》。在思想上、政治上、军事上、时间上为遵义会议的胜利召开奠定了坚实基础。

红军抢渡乌江江界河战斗遗址

位于贵州省黔南布依族苗族自治州瓮安县龙塘乡尖坡村北。1935年1月，中央红军抵达江界河，在这里展开了举世闻名的突破乌江战役。突破乌江是红军长征以来取得的第一个伟大胜利。遗址位于乌江中游，分布在犹家坝至天文镇老街组、周家寨组一带。

回龙场红军抢渡乌江战斗遗址

位于贵州省遵义市余庆县大乌江镇红渡村渔子塘老渡口。1935年1月1日，中央红军前卫部队在团长杨得志的率领下达到回龙场。当日深夜，老船工周金科冒着生命危险和严寒，泅水过江，为红军带回3只渔船。红军用木筏从鱼子塘偷渡，抢占有利地形后，从南岸抢渡成功，击溃北岸国民党部队主力，成功北上。

茶山关红军抢渡乌江遗址

位于贵州省遵义市播州区尚嵇镇茶山村乌江北岸。1935年1月3日，长征途中的红三军团第十三团遵照军团首长彭德怀的命令抢渡茶山关。国民党黔军第五团和1个机炮营封锁江面，扼险据守，阻止红军北进。当红军集结于茶山关渡口南岸时，敌军慑于红军声威，不战而逃往遵义。红军在当地民众的协助下，经过6昼夜摆渡，全部安全渡过乌江。

娄山关红军战斗遗址

全国重点文物保护单位

位于贵州省遵义市汇川区板桥镇娄山关村与桐梓县交界处。娄山关位于大娄山主峰笋子山山口，是川黔公路和川黔铁路的必经之地。1935年1月和2月，中央红军两次占领娄山关，保卫了遵义北方的安全。整个遗址面积约13.44平方公里，遗址中有毛泽东词碑、遵义战役红军烈士纪念碑、“娄山关”摩崖、“娄山关”碑、小尖山战壕、大尖山战壕、点金山战壕、娄山关红军战斗纪念馆、观景台、观景长廊、休息长廊等景观。

遵义会议会址

全国重点文物保护单位

位于贵州省遵义市老城红旗路（子尹路）南段。会议房屋为原黔军第二十五军第二师师长柏辉章私邸，系两层灰砖砌楼房，为中西合璧砖木结构建筑。1935年1月，党中央在主楼楼上的东走道小客厅内举行了举世闻名的遵义会议。会议室呈长方形，面积27平方米，中间放置一张褐色长方桌，四周围着一圈木架藤边折叠椅。

红军总政治部旧址

全国重点文物保护单位

位于贵州省遵义市老城杨柳街北段东侧。原为遵义天主教堂，始建于同治五年（1866年）。1935年1月，红军总政治部在经堂内主持召开了遵义各界群众代表大会，商讨成立遵义县革命委员会。红军之友、赤色工会、工人游击队等革命群众组织在此活动。

万人大会会场

位于贵州省遵义市老城街道办事处官井路东段北侧市十一中校园内，即原贵州省第三中学操场。1935年1月12日，红军总政治部根据遵义各界代表要求召开群众大会。会场上人头攒动，旗帜如林，是新中国成立前遵义历史上规模最大的群众集会，所以群众称之为“万人大会”。会上毛泽东、朱德和李富春先后发表讲话，阐述中华苏维埃政府和红军的政治主张，宣布成立遵义县革命委员会。

刀靶水阻击战遗址

位于贵州省遵义市播州区三合镇刀靶村刀靶北街背后山。1935年1月16日，遵义会议进行之际，刀靶水告急，正在参加会议的彭德怀火速赶往刀靶水指挥战斗，击退了敌军的进攻，确保了遵义会议的顺利进行。

遵义县革命委员会旧址

位于贵州省遵义市红花岗区新华路48号。建于1934年，为坐东向西的二层小楼。遵义县革命委员会成立后，办公地点设在新建成的豫章小学，罗梓铭任主席，蒙合和、毛泽民等25人任委员。这是中央红军长征途中帮助人民群众建立的第一个县级政权。遵义县革命委员会成立后，带领群众打土豪、分田地，帮助红军筹集粮款，动员青年参加红军。红军撤离遵义后，一部分革命委员会成员随军北上，部分成员留遵开展对敌游击战争。

土城狮子沟红军司令部旧址

全国重点文物保护单位

位于贵州省遵义市习水县土城镇长征街狮子沟，和土城镇中学相邻。1935年1月24~29日，中央红军主力进驻土城。司令部驻扎于此，并在此指挥土城战斗。张闻天、秦邦宪、王稼祥、李德、叶剑英等中央领导在此居住过。

青杠坡红军战斗遗址

全国重点文物保护单位

位于贵州省遵义市习水县土城镇青杠坡村。是娄山系中呈东北—西南走向的白马山岭的一个陡坡。1935年1月28~29日，中央红军于此地与川军郭勋祺部进行了激烈的战斗，红军虽重创敌军1师，但因敌军不断增援，红军逐渐处于不利。在危急关头，中革军委主席朱德亲赴战场，极大鼓舞了红军指战员士气，抵挡住了国民党军的进攻。史称“青杠坡（土城）战斗”。

土城渡口

全国重点文物保护单位

位于贵州省遵义市习水县土城镇团结街南200米赤水河北岸。是红军四渡赤水战役中“一渡赤水”的主要渡口。1935年1月28日晚，周恩来指挥红军工兵部队和土城船业工会，在浑溪口、蔡家沱各搭一座浮桥。29日拂晓至中午，红三、红五军团和中央纵队以及红一、红九军团部分队伍先后从浮桥上顺利渡过赤水河，进入川南。

红一军团司令部旧址

位于重庆市綦江区石壕镇街道。1935年1月21日，按照中革军委在四川宜宾与泸州之间北渡长江的战略部署，红一军团8000多人在周恩来、董必武及军团参谋长左权、政治部主任朱瑞等率领下，于21日下午到达綦江石壕镇。红一军团指挥部驻扎在此处。

红军洞

位于重庆市綦江区石壕镇梨园村十社漆树坪。为一处崖洞。分布在一坡地上，周围均为农地，该洞长2.5、宽3.1、高3.7米，成于天然，由三块大石头组合而成。该洞是红军长征过綦江时村民李树青为保护红军而为其找的藏身之所。

中央红军石厢子会议旧址

位于四川省泸州市叙永县石坝彝族乡石厢子场。旧址坐北朝南，原为四合院布局，现仅存正堂2间及天井。1935年2月，中央红军长征过石坝时于此召开会议，会上毛泽东说服大家，建议由洛甫（张闻天）担负中共中央的主要领导。会议研究讨论了留守中央苏区斗争人员行动和红军行动部署等问题，决定由洛甫接替博古（秦邦宪）负党中央总的责任，并对中央政治局常委的分工进行了调整。

中央红军没收委员会旧址

位于四川省泸州市叙永县石坝彝族乡石厢子场。中央红军过石坝时将没收的地主财产在此分发给穷人。该址是红军发动群众、开展革命工作的重要见证。

红军造币厂旧址

位于四川省泸州市叙永县石坝彝族乡石厢子场居委会。原为刘仲贤房老宅。1935年红军长征过石坝时曾在此造币。该址为研究红军长征时期经济工作提供了重要参考。

营盘山

位于四川省泸州市叙永县城东。1935年2月，中央红军长征途径叙永，路经此地，又累又饿，山上橘树成林，正值橘子成熟之季，但是红军战士没有一人摘橘子吃。当地百姓非常感动，摘下橘子请红军战士品尝，红军指战员在付钱之后收下了橘子。

双沙鱼塘湾崔家院子毛泽东同志驻地旧址

位于四川省泸州市古蔺县双沙镇。旧址呈三合院布局。1935年红军四渡赤水期间经过双沙，在此召开白沙会议，下达二渡赤水行动计划。2月16日，中共中央与中革军委在此发布《告全体红色指战员书》并召开动员大会。

双沙红军街

位于四川省泸州市古蔺县双沙镇。呈东西走向，“丁”字型布局，由廖家巷和米市街两条街组成，全长318.5、最宽处7.5、最窄处2.6米。1935年红军长征四渡赤水期间经过这里，当时整条街上家家户户住满红军。

彭德怀、伍修权长征四渡赤水途经二郎驻地旧址

位于四川省泸州市古蔺县。坐东向西，呈“一”字布局，东西宽7.9、南北长21.96米，占地面积173.48平方米，建筑面积146.69平方米。该旧址为木结构单檐悬山式楼房，青瓦盖顶。

扎西会议会址

位于云南省昭通市威信县扎西镇龙井社区老街村民小组。始建于清代，原为江西会馆。1935年2月，中央红军长征途中集结扎西，中共中央和中革军委在此内召开了著名的扎西会议，确定了二渡赤水、回兵黔北、重占遵义等重大决策。

淋滩红军渡口

全国重点文物保护单位

位于贵州省遵义市习水县隆兴镇淋滩村西侧2公里处赤水河西岸。河面宽100余米。1935年，红军四渡赤水战役中曾在此地搭建浮桥。淋滩渡口是红军四渡赤水战役中二渡、四渡赤水河的主要渡口。

二朗红军开仓分盐旧址

位于四川省泸州市古蔺县，又名“德谦裕盐号”。1935年2月，红军四渡赤水期间在“德谦裕盐号”打开盐仓，将盐分给当地穷困百姓，持续了三天。在此期间，红军还对当地百姓进行了革命宣传。

红花冈、老鸦山红军战斗遗址

位于贵州省遵义市老城南部。红花冈、老鸦山两山峰高路险，为老城的屏障。1935年2月红军“二渡赤水”后回师遵义，国民党中央军吴奇伟部回援遵义。双方在红花岗、老鸦山激战，经过惨烈战斗，红军击溃了敌人。歼灭和击溃敌人2个师又8个团，毙伤敌人2400余人，俘敌3000余人，赢得遵义大捷。

苟坝会议会址

位于贵州省遵义市播州区枫香镇苟坝村四合组。为木结构大瓦房四合院，正房坐北朝南。1935年3月红军二过遵义，中共中央在驻地苟坝新房子召开会议，决定由毛泽东、周恩来、王稼祥组成三人军事小组统一指挥军事。从此，毛泽东成为军事指挥上的实际决策者。此次会议进一步确立了毛泽东在党内和军内的领导地位。至此，遵义会议提出“改组中央领导，特别是军事领导”的历史性任务圆满完成。

红军四渡赤水战役旧址
——茅台渡口

全国重点文物保护单位

位于贵州省仁怀市茅台镇朱砂堡脚，红军三渡赤水渡口处。1979年7月，为纪念红军“三渡赤水”，仁怀县人民政府在当年红军搭浮桥渡河的下渡口处兴建了茅台渡江纪念碑。

红军四渡赤水战役旧址
——长岗毛泽东住址

全国重点文物保护单位

位于贵州省仁怀市东南的长岗镇。为毛泽东同志领导四渡赤水战斗期间的一处居所。

马鞍山红军司令部临时指挥所

位于贵州省贵阳市息烽县流长乡前奔村刘家寨组名为马鞍山的半山腰上。1935年红军主力强渡乌江后，红军司令部临时指挥所设于此，红军总司令朱德在流长发出“佯攻息烽，掩护红军主力通过川黔公路”的命令，红军迅速包围息烽，确保了红军主力顺利通过川黔公路。

鸭溪会议会址

位于贵州省遵义市播州区鸭溪镇雷泉社区长征一组，占地面积约500平方米。鸭溪会议于1935年3月5日由中共中央和中革军委组织召开，主要分析遵义战区形势，在会上成立了“前敌司令部”，签署了《鸭溪作战命令书》。

脚渡河渡口红军抢渡清水江遗址

位于贵州省贵阳市开阳县龙岗镇大荆村脚渡河。开辟于清初。1935年4月5日，中央红军主力在红三军团佯装进攻贵阳和东渡清水江掩护下，迅速从脚渡河渡口等处抢渡清水江进入龙里境内，初步实现了“调出滇军、西进云南”的重大战略部署。渡口两岸现存古道数十米，渡口碑3通。

红九军团猫场战斗遗址

位于贵州省毕节市大方县猫场镇长征村东。占地面积4000平方米。1935年4月，中央红军第九军团在暂离主力部队独立活动后，与国民党黔军第六团在猫场发生激战。

珠街乡红军开仓济贫遗址

位于云南省曲靖市麒麟区珠街乡示范小学内。原为国民党珠街乡公所粮仓。原建筑为土基瓦房4间，面阔12米，现已改建为教学楼，遗址处树纪念碑1块。1935年4月27日，红一军团在此打开粮仓，为贫苦农民分粮，并宣传革命、发动群众。

莲花山中央红军路经驻地旧址

位于云南省昭通市威信县扎西镇大河村大寨村民小组莲花山东部。旧址建于清代。1935年2月，中央红军长征路经此地并在该处驻扎。红军驻扎期间，不小心将猪圈房烧毁，赔偿大洋15块，并派出战士帮助修复。

皎平渡渡口及山洞遗址

全国重点文物保护单位

位于云南省昆明市禄劝彝族苗族自治县。旧称“搅平渡”。渡口宽约150米，两岸山高谷深，地势险要，渡口处水流平缓。1935年5月3日晚至9日，中央红军在此巧渡金沙江，摆脱了数十万国民党军的围追堵截。渡江期间，中革军委在渡口旁的山洞里设立了渡江司令部，毛泽东、周恩来、朱德等中央红军领导过江后曾在此居住。

长征时毛主席接见彝族代表处

位于四川省凉山彝族自治州冕宁县城厢镇东街。1935年5月22日，毛泽东、朱德等到达冕宁。在冕宁期间，毛泽东接见了彝族代表沽基达涅等。沽基达涅向毛泽东主席介绍冕宁至大渡河一带彝族家支及其头人的情况，议定由沽基达涅与各支头人联系，护送红军过彝区。

红军强渡大渡河遗址

全国重点文物保护单位

位于四川省雅安市石棉县安顺彝族乡安顺村。1935年5月下旬，红一方面军途经安顺场，并在此强渡大渡河。

泸定桥

全国重点文物保护单位

位于四川省甘孜藏族自治州泸定县泸桥镇新北街。横跨大渡河，始建于清康熙四十四年（1705年）。桥由13根铁索和东西桥台构成，桥面长101.67米。东西桥台用条石砌成，形如碉堡。1935年5月29日，中央红军左路军红四团第一营第二连22名勇士在连长廖大珠率领下，冒着敌人火力冲过泸定铁索桥，攻占东岸桥头堡。红军后续部队迅速跟进，击溃守敌1个团，占领了泸定城。

红军飞夺泸定桥战前动员会旧址

全国重点文物保护单位

位于四川省甘孜藏族自治州泸定县泸桥镇沙坝村西南1公里，原为1919年法国传教士修建的天主教堂。1935年5月29日中午中央红军飞夺泸定桥前夕，左路军红四团团长王开湘、政委杨成武在此召开全团干部动员会，布置夺桥任务并确定了第一营第二连组成突击队，为完成飞夺泸定桥的任务作了思想上和组织上的充分准备。

彝海结盟纪念碑

位于四川省凉山彝族自治州西昌市中心的长安东路西门坡街，月城广场东侧。1935年5月，刘伯承和小叶丹彝海结盟，沽基家支帮助红军部队顺利通过彝区。1985年，为纪念“彝海结盟”50周年，建立此碑。

菩生岗红军战斗遗址

位于四川省雅安市宝兴县蚂蟥沟左岸。坐东向西，东西长300、南北宽500米，分布面积150000平方米。1935年6月13日，红军主力在晋师坪开完翻山动员大会后，顺着蚂蟥沟进发，数小时到菩生岗，进行翻山前的最后休整，随后开始翻越红军长征路上的第一座大雪山夹金山。

胡长保牺牲地

位于四川省雅安市荥经县三合乡建政村。1935年6月4日，红军长征行军途中遭到国民党飞机轰炸。警卫班班长胡长保为保护毛泽东，用身体掩护了他，自己却牺牲了。胡长保牺牲时年仅24岁。

红军长征一、四方面军会师遗址
——天主教堂

全国重点文物保护单位

位于四川省阿坝藏族羌族自治州小金县美兴镇政府街东段，今中共小金县委大院内东侧。法国传教士佘廉霭于1919年主持修建。1935年6月21日，红一、红四方面军会师联欢会在此教堂的主厅召开，毛泽东、周恩来等中央领导人在该教堂前厅和厢房居住。

红军长征一、四方面军会师遗址——达维会师桥

全国重点文物保护单位

位于四川省阿坝藏族羌族自治州小金县达维镇继英村。该桥为木结构伸臂桥，呈东北—西南走向，横跨沃日河。1935年6月12日，中央红军先头部队红二师第四团翻越夹金山后，在此桥上与红四方面军第二十五师第七十四团胜利会师。

两河口会议会址

全国重点文物保护单位

位于四川省阿坝藏族羌族自治州小金县两河乡两河村关帝庙。1935年6月红一、红四方面军会师后，中共中央在此召开了政治局扩大会议，确定了北上方针。

八角乡苏维埃政府旧址

位于四川省阿坝藏族羌族自治州小金县八角乡农光村关帝庙。始建于清乾隆五十八年（1793年），建筑毁于20世纪六七十年代，现存建筑为1993年复建。1935~1936年，红军在此帮助当地穷苦大众建立了八角乡苏维埃政府，主席邓洪基。八角乡苏维埃政府领导妇女队、赤卫队、儿童团开展了轰轰烈烈的土地革命。在宣传党和红军的主张以及帮助红军筹粮、扩红等工作中发挥了巨大作用，做出了突出贡献。

两河大寨红军墨书标语

位于四川省阿坝藏族羌族自治州小金县两河乡大寨村村民杨富海住宅二楼南面板壁上。标语内容有：共产党是中国革命的唯一领导者！当兵是工农出身，工农不打工农红军！当红军是绝对保护解放工农利益！工人组织自己阶级工会！取消一切苛捐杂税！白军弟兄不打红军，联合红军北上抗日！只有苏维埃才能救中国！当红军是为着保卫中国的独立自由！农民加入游击队□□人民武装！反对邓锡侯抽丁拉伕当兵！红军是帮助穷人的！拥护中国共产青年团！夺取国民党武装！消灭地主武装！拥护中央政府！苏维埃工农兵自己政权！红军绝对不拉伕！贫农组织贫农团！落款为：红军政治部。

芦花会议会址

全国重点文物保护单位

位于四川省阿坝藏族羌族自治州黑水县芦花镇泽盖村。为石木结构三层单体建筑，坐西向东。1935年7月21日，中共中央在此召开会议，对张国焘反对北上的错误进行了批评斗争，希望他改正错误，共同北上。几经曲折，张国焘最后同意红四方面军主力军向毛儿盖集中。

红军路

位于四川省阿坝藏族羌族自治州黑水县芦花镇上达古村上达古组。该路长30多公里，宽1~2米，依斯德本山，南北走向，从上达古组直通松潘毛尔盖乡下寨村，是1935年红一、红四方面军北上经黑水过草地的小路。

沙窝会议会址

全国重点文物保护单位

位于四川省阿坝藏族羌族自治州松潘县下八寨乡格丫村俄灯寨。1935年8月6日，沙窝会议在寨中藏民房中三楼右后间举行，中央政治局委员和候补委员出席，刘伯承、聂荣臻、陈昌浩、傅钟列席。会议听取了张闻天的决议草案报告，坚持了两河口会议的北上抗日精神。

毛儿盖会议会址

全国重点文物保护单位

位于四川省阿坝藏族羌族自治州松潘县西上八寨乡索花村。始建于清康熙年间。1935年8月20日，中共中央在毛儿盖索花寺举行政治局会议，出席会议的除政治局委员及候补委员外，徐向前、李富春、聂荣臻、李先念、林彪等列席会议，周恩来因病不能参加，朱德、张国焘随左路军行动而缺席，毛泽东在会上作了关于夏洮战役计划报告，毛儿盖会议是两河口会议和沙窝会议的继续，它对提高广大指战员对北上路线意义的认识、克服张国焘右倾逃跑主义的阻挠起了积极作用。

巴西会议会址

全国重点文物保护单位

位于四川省阿坝藏族羌族自治州若尔盖县巴西乡班佑寺的纳日山边。原名班佑寺。1935年8月下旬至9月上旬，中共中央在该寺召开过多次会议，特别是在9月9日召开的中央政治局紧急会议，即著名的巴西会议。巴西会议是决定党和红军前途命运的一次关键会议，事实证明党中央北上方针是正确的。

包座战役上包座主战场遗址

全国重点文物保护单位

位于四川省阿坝藏族羌族自治州若尔盖县包座乡大金村南240米的上包座河岸原始森林区。主战场以阻击胡宗南援军第四十九师为主，在总指挥徐向前的指挥下，红三十军军长程世才、政委李先念将红八十八师与红八十九师编为2个梯队。除红八十九师第二六四团消灭大金寺守敌外，其余主力均隐蔽于山上丛林中。1935年8月31日下午3时，红三十军向敌四十九师发起总攻，歼敌援军。此战毙敌4000余人、俘敌800余人，缴获长短枪1500余支、轻重机枪70挺。包座战役粉碎了蒋介石围歼红军于川西北的图谋，为实现党中央北上战略方针创造了必要条件。

牙弄寨周恩来旧居

位于四川省阿坝藏族羌族自治州若尔盖县阿西茸乡牙弄寨七斤家。1935年8月下旬至9月上旬红军过草地时，周恩来因终日忙碌积劳成疾，高烧不退，在此养病。

碉堡山红军战斗遗址

位于四川省阿坝藏族羌族自治州红原县刷经寺镇康猫村东南方向的碉堡山顶。遗址分布面积达85000平方米，呈环形，有一正方形土木结构的碉堡，在碉堡东、东北、西南、西北各有一个不规则的正方形掩体。山下有一战壕，全长210米。

俄界会议旧址

全国重点文物保护单位

位于甘肃省甘南藏族自治州迭部县达拉乡高吉村内。1935年9月12日，中共中央在此召开政治局紧急扩大会议，毛泽东在会上做了《关于与四方面军领导者的争议及今后北上战略方针》的报告，批判了张国焘分裂党和红军的错误。会议决定成立了由毛泽东、周恩来等组成的五人团，作为全军的最高领导核心；通过了《关于张国焘同志的错误的决定》。会后党中央向全军发出了《为执行北上方针告同志书》。俄界会议确定了红军北上进入甘肃的战略方针，对红军长征最终获得胜利具有极为重要的意义。

腊子口战役旧址

全国重点文物保护单位

位于甘肃省甘南藏族自治州迭部县腊子口乡腊子口村内。1935年9月16日，红一方面军与国民党军队在此激战一天一夜，击溃敌军。

红军干部会议旧址

全国重点文物保护单位

位于甘肃省陇南市宕昌县哈达铺镇下街村。原为关帝庙。1935年9月22日，毛泽东同志在该处召开了全军团级以上干部会议并在会上作了形势分析和整编问题的报告，宣布了中共中央决定北上到达陕北的方针和把中央红军改编为中国工农红军陕甘支队的决定。

红军一条街

位于甘肃省陇南市宕昌县哈达铺镇下街，东邻秋末河、南邻金布川村、西邻铁匠沟、北邻哈柱山。此街长1200、宽4~5米。红军长征中，红一、红二、红四方面军均从此走过。

榜罗镇会议旧址

全国重点文物保护单位

位于甘肃省定西市通渭县榜罗镇南街社。1935年9月27日，中共中央在此召开了政治局会议，会议决定把长征落脚点放到陕北。随后在旧址附近的打麦场召开连以上会议并宣布了这一决定。

红一方面军文艺晚会旧址

位于甘肃省定西市通渭县平襄镇城关村南门巷南园体育场内。1935年9月29日，红一方面军进驻通渭县城，这是红军长征进入甘肃后攻占的第一个县城。为了庆祝这一胜利，鼓舞将士斗志，9月30日晚，红军在此举行了规模盛大的文艺晚会，杨尚昆、叶剑英、邓发等同志发表了讲话。

界石铺红军长征纪念馆

位于甘肃省平凉市静宁县界石铺镇继红村。1935年10月2~5日，中央红军和中共中央机关、中革军委机关在此驻留。

红军长征青石嘴战斗纪念碑

位于宁夏固原市原州区开城镇下青石三队北面。中央红军于1935年10月6日翻越六盘山后，在青石嘴与国民党军发生战斗，共歼灭国民党骑兵师第十九团给养运输部队骑兵100多人，缴获枪支弹药等战斗物资10余车、战马300多匹，组建了红军骑兵侦察连。2008年，为纪念青石嘴战斗，修建此碑。

吴起镇战役遗址

位于陕西省延安市吴起县吴起镇刘河湾村北侧1000米处的寨子梁上。1935年10月21日，中央红军在此设伏，歼灭了国民党第三十五师骑兵团，击溃敌军3个团。这是中央红军长征中的最后一次战役。

吴起镇革命旧址

全国重点文物保护单位

位于陕西省延安市吴起县县城中街的燕窝山脚下。建筑呈长方形，面积1686平方米。分南北两院，南院为毛泽东等同志旧居，为一排坐东面西的5孔接口土窑洞。距毛泽东旧居10米处，还有当年毛泽东同志喂马的马棚。

二　红二方面军长征

（一）湘鄂川黔根据地的建立

1934年10月下旬，红二、红六军团在贵州印江胜利会师。川黔军阀急调十多个团进行“围剿”，意欲将红二、红六军团围歼于湘川黔边地区。面对敌人的进攻，红二、红六军团领导人同中革军委在下一步部队的发展方向问题上产生分歧。任弼时、贺龙在分析敌我态势后，决定坚持进兵湘西北的方针。

10月底，红二、红六军团从南腰界出发，向湘西的永顺、保靖、龙山、桑植地区挺近。为打破敌军部署，任弼时、贺龙决定首先进攻川东的酉阳，调动敌军西进。10月30日，红军顺利占领酉阳，随后红二、红六军团避开敌人，先经湖北西南部来凤县，突然转向南下，攻克湖南永顺。11月15日，红二、红六军团设伏于永顺十万坪地区，击溃国民党军2个旅，缴获枪支200余，取得了两军会师后的第一个大胜仗。之后，红二、红六军团乘胜占领桑植、大庸两县。11月26日，中共湘鄂川黔边临时省委在大庸成立。会后，以红二军团主力和红六军团一部，继续发动湘西攻势，在桃源歼敌1个团又2个营，击溃敌1个团，占领桃源县城，取得了湘西攻势的第二大胜利。12月底，红军西返大庸、永顺休整，湘西攻势胜利结束。至1935年1月，湘鄂川黔革命根据地已初具规模，控制了东西200余公里、南北120余公里、人口50万的区域。

湘鄂川黔革命根据地的创建使蒋介石坐卧不宁，他纠集湘鄂两省11个师又4个旅共11万人向湘鄂川黔根据地发动“围剿”。反“围剿”初期，因遵义会议精神还未能有效传达到根据地，战事一度不利，后根据中央指示，根据地红军调整作战方针，迅速扭转了战局。4月14日，红军围歼敌第一七二旅于陈家河，除少数残敌逃跑，大部被歼。4月15日，歼灭敌第八十五师余部于桃子溪。后红二、红六军团主力大步东进，挺进敌后，开始战略反攻，6月14日，取得忠堡大捷，歼敌第四十一师师部及其1个旅和特务营，俘虏敌纵队司令兼四十一师师长张振汉。8月3日，又歼敌第八十五师于宣恩县利福田村地区。8月8日，红二、红六军团在龙山芭蕉坨一举击溃敌军10个团，成功地粉碎了敌人的“围剿”。

（二）转战湘黔边

中央红军北渡长江后，湘鄂川黔苏区成了长江以南唯一规模较大的革命根据地，因此蒋介石将其视为心腹大患，积极部署新的“围剿”。

1935年9月，蒋介石调集130个团20余万人向湘鄂川黔革命根据地发动了大规模“围剿”，同时设置宜昌行辕，以加强统一指挥。此时红军兵力仅2万余人，且苏区周边环境不利，不便于大兵团作战。为抢得主动，红二、红六军团计划转移至湘黔边地区，争取在贵州石阡、镇远、黄平一带建立新的根据地。

11月19日，红二、红六军团从湖南桑植刘家坪、瑞塔铺出发，踏上了长征的征程。同时留红十八师在根据地内开展斗争，吸引迷惑敌人。红二、红六军团出发后先向湘中进军，以调动敌军，相继渡过澧水、沅江，后兵分两路，攻克了辰溪、溆浦、锡矿山、新化、冷水江等湘中广大地区，在此地区筹款数万元，扩大红军8000余人。

红军南下湘中后，敌樊崧甫、李觉、陶广、郭汝栋、汤恩伯等部纷纷向湘中集中。红二、红六军团遂决定退出湘中，向贵州转移。于1935年12月到达芷江以西的冷水铺地区，甩掉尾追敌人。

1936年1月，红军先后到达贵州江口、石阡，进入黔东地区，完成了向石阡、镇远、黄平转移的战略任务。留守根据地的红十八师，在完成掩护任务后，突破重围，经鄂西、川东于1月9日在贵州江口同红六军团主力会合。

（三）进军黔西

红二、红六军团原计划在湘黔边建立新根据地，因敌以15个师的兵力日益逼近，又石阡、江口一带人烟稀少，粮食匮乏，且红军处于狭小地域，不利于开展运动战，湘鄂川黔军委会决定放弃在该地区建立根据地的计划，继续西进，到乌江以西、长江以南的广大地区开展活动，争取在贵州西部的黔西、大定、毕节地区建立新的根据地。

1936年1月20日，红二、红六军团自石阡地区出发开始西进。21日，在龙溪口附近突破敌第二十三师封锁线，连克瓮安、平越县城，后佯攻贵阳，直插黔西北，克扎佐，占修文。2月2日，渡过鸭池河天险。3日，进占黔西县城。5日，军分会在黔西召开会议，决定红二、红六军团继续留在长江以南活动，在黔西、大定、毕节地区创建新的根据地。6日，攻克大定县城。9日，占取毕节。在占领整个黔、大、毕地区后，红军广泛发动群众，建立政权，扩大武装，开展建设革命根据地的各项工作。

（四）回旋乌蒙山

1936年2月上旬，国民党军又以重兵向黔西北地区进攻，并乘虚占领黔西、大定，威胁毕节。3月27日，红二、红六军团在贺龙、任弼时、关向应的领导下，从毕节出发，沿毕威大道西进，向贵阳西南的安顺地区转移。

红二、红六军团西进后，国民党军在追击的同时，重庆行营主任顾祝同命李觉部进占咸宁、水城一带，堵截红军南下安顺之路，同时滇军进驻昭通、威宁地区，防止红军入滇，川军沿川南重镇和金沙江布下重兵，防堵红军入川。这种情况下，军分会决定放弃去安顺的计划，改向乌蒙山北麓的镇雄、彝良、盐津方向前进，在乌蒙山区与敌人展开回旋战。

乌蒙山位于云南东北和贵州西部，海拔2300多米，层峦叠嶂、气势磅礴，红军转战于此可有较大的回旋余地。

3月3日，红军进至麻古地区，南进、西向之路皆被堵，遂改向西北前进，国民党军3个纵队认为红军要从北边过金沙江，全力向西北追击、封堵。红二、红六军团随即转兵向东，敌军又转向东追击，红军抓住敌第二十八师突前的有利时机迅速回击，歼其一部，打击了敌人的嚣张气焰，使其不敢追击。后克广德关，继之掉头向东，绕过沙沟，进入梅东、青山地区。12日，红军在得章坝重创敌第十三师。后乘敌人进行兵力调整、防守稍懈之际，星夜兼程，沿乌蒙山东麓直驱滇东。

3月22日，红军进入云南宣威境内。23日，在来宾铺重创滇军刘正富部后撤出战场。此战使红二、红六军团声威大震，滇军气焰受到沉重打击。来宾铺战斗后，红二、红六军团兵分两路，于28日和29日先后进抵黔西南的盘县、亦资孔地区。至此，历时1个多月的乌蒙山回旋战宣告结束。红二、红六军团在乌蒙山区展开的回旋战，忽东忽西、又南又北，使敌人晕头转向，进退维谷，打破了敌军围歼红军的图谋，堪称贺龙军事指挥史上的“神来之笔”。

（五）渡江北上

1936年3月30日，红二、红六军团接到红军总司令朱德和总政委张国焘的电报，命令他们渡过金沙江，北上同红四方面军会师。同日军分会在盘县召开会议，决定放弃在滇黔边建立根据地的计划，北上与红四方面军会合。

3月31日，红二、红六军团兵分两路从盘县、亦资孔地区出发，向滇中进发。在平彝附近，红军冲破滇军孙渡部防线。4月6日，攻占寻甸，进至普渡河附近。

龙云鉴于贵州王家烈之事，对蒋系部队入滇“追剿”红军态度冷淡。后蒋介石飞赴昆明，任命龙云为“滇黔剿共总司令”，蒋系部队亦归其指挥。龙云由此态度变化，积极行动，命令滇军全力围堵红军。

红二、红六军团在普渡河过河受阻后，果断决定停止渡河，同时命令第六师返回六甲，阻击、重创滇军孙渡部第七旅，使其不敢继续追逼。

六甲阻击战后，军分会决定放弃原定在元谋、龙街横渡金沙江的计划，改为丽江石鼓一带渡江，虽距离更远，但敌军防守兵力较少，更易于通过。4月10日，红二、红六军团急速南下。11日，进占距昆明仅20公里的富民县城，形成佯攻昆明之势，龙云急令滇军回援。红军趁势突然挥师西进，通过普渡河。渡河后，为争取早日渡过金沙江，红二、红六军团兵分两路，日夜兼程急速西进，将尾随的滇军孙渡部远远甩在身后。20日两军合于宾川，经鹤庆进至丽江石鼓镇渡口。25~28日，红二、红六军团在石鼓、巨甸从容渡过金沙江，摆脱了敌人的重兵围堵。

（六）甘孜会师

红二、红六军团渡过金沙江后，沿金沙江东岸北进，至格鲁湾翻越玉龙雪山。5月1日，红二军团进抵中甸，进入藏族聚居区。随后，红六军团也陆续到达。在中甸休整数日后，红二、红六军团又兵分两路向甘孜前进。

红六军团为右路军，经定乡、稻城，翻越多座雪山，进抵理化，同前来接应的红四方面军第三十二军胜利会师。6月13日，红六军团和红三十二军离开理化进抵瞻化县城，与红四方面军第四军胜利会合，后红六军团单独北上，于22日到达甘孜附近的普玉隆。

红二军团为左路军，历德荣，翻雪山，经巴安至白玉，于6月13日达到绒坝岔，与红四方面军第三十军第八十八师会合。

7月1日，红二、红六军团齐聚甘孜，同红四方面军举行会师大会，历经千难万险的两支主力红军，终于会合了。

5日，中革军委命令以红二军（原红二军团）、红六军（原红六军团）、红三十二军（原红一方面军红九军团）组成红二方面军，以贺龙为总指挥、任弼时为政委。将红二方面军置于党的直接领导下，杜绝了张国焘染指的企图。

两军会师后，任弼时、贺龙、关向应等积极了解中央红军和红四方面军会师后分歧的实际情况，了解到了张国焘分裂党、分裂红军的事实，自觉同朱德、刘伯承站在一起，同张国焘展开了斗争和说服工作。在中央的一再教育和挽救下，在朱德、刘伯承、任弼时、贺龙、徐向前等人的团结、劝说、斗争下，加上南下后的惨痛失败，促使张国焘不得不放弃原来的错误主张，同意红二、红四方面军共同北上。

红二方面军长征遗迹

红二、红六军团长征出发地旧址

全国重点文物保护单位

位于湖南省张家界市桑植县刘家坪白族乡刘家坪村北。旧址占地1740平方米，为穿斗式四连环走马转角吊脚木楼，内保存有贺龙当年的办公陈设。1935年11月19日，红二、红六军团在此地出发，开始长征，出发前红二军团政治部设立于此。

红六军团军团部旧址

位于湖南省张家界市桑植县瑞塔铺镇瑞市村南。旧址坐南朝北，占地500平方米，为穿斗式四合院中有天井的木结构民宅。1935年11月19日，红六军团 1 万余人由此出发，开始长征。

湘鄂川黔省委、省革命委员会、省军区旧址

全国重点文物保护单位

位于湖南省张家界市桑植县城东正街。始建于清朝末年，为县城商绅、晚清秀才陈南星宅院。1935年，湘鄂川黔省委、省革命委员会、省军区和军委分会设在这里。

红军抢渡澧水旧址

位于湖南省张家界市永定区黄家铺、关门岩、阳湖坪、西溪坪一带。1935年11月20~21日，红二、红六军团长征部队在此抢渡澧水，顺利摆脱了敌人的围堵，再向沅水挺进。在抢渡澧水时，红四十九团团长王烈和湘鄂川黔省委书记王珠英勇牺牲。

大水田红二方面军长征纪念地

位于湖南省常德市桃源县西安镇大水田村上游组。1935年11月，贺龙率领的红二方面军从桑植刘家坪出发，于12月5日到达大水田，在此驻扎三天，留下了“打土豪”、“分田地”等革命标语，先后有9名当地农民参加了红军。

红二方面军临时军工厂

位于湖南省娄底市新化县上梅镇城西社区西余山馆，现新化县长江电子有限公司内。1935年，红六军团在长征途中进驻新化县城，在此建立临时军工厂，以补充军用物资。

红军长征溆浦扩军遗址

位于湖南省怀化市溆浦县卢峰镇东郊的广场，即现溆浦二中体育场。面积约10000平方米。1935年12月7日，红二、红六军团路过溆浦时，在此召开扩军会议。关向应、甘泗淇等同志先后发表讲话，号召广大穷苦青年报名参军，大会结束后，即有青年2000多人报名参加红军。

红军灶

位于湖南省怀化市沅陵县七甲坪镇大桥村发子溪组的朱木树垭。该灶台坐南朝北。1935年，贺龙率红二、红六军团北上时途经此地，战士们在此生火做饭。

鸭田战斗指挥所

位于湖南省邵阳市隆回县。旧址坐南朝北，占地4000多平方米，为两正两横的木构四合院结构。1935年12月，红军长征过隆回，这里是贺龙的居住地和鸭田战斗指挥所，他在这里指挥打赢了鸭田战斗。

红六军团萧克石江指挥部旧址

位于湖南省邵阳市洞口县石江镇。为砖木结构四合院。1935年，红二、红六军团长征路过洞口时，萧克在此处居住。

鸡公坡大战贺龙指挥部旧址

位于湖南省邵阳市绥宁县红岩镇江坡村。始建于清光绪元年（1875年），为三合院。1935年12月20日，贺龙在此指挥红二军团进行鸡公坡战斗，打破了国民党军妄想在绥宁及湘南地区剿灭红二、红六军团的企图，为红二、红六军团西入贵州，继续北上抗日扫平了道路。

红二军团战时医院

位于湖南省邵阳市绥宁县。1935年12月21日，红二军团与国民党军在鸡公坡激战，战时医院设在朝阳庵内。红五师师长贺炳炎在战斗中左臂重伤，在没有麻醉药的情况下，以锯断臂，成为红军中赫赫有名的“独臂将军”。

任弼时住所旧址

位于湖南省绥宁县红岩镇江坡村龙口里。建于清朝光绪年间，是一座纯木结构的四合院。1935年12月21~22日，红二军团长征经过绥宁时，红二、红六军团总政委任弼时居住于此。

沅城村工农红军标语

写于湖南省洪江市沅河镇沅城村村委会围墙外墙。此处原为地主私宅。1935年12月~1936年1月，红二、红六军团在长征途中曾驻扎于此，在屋墙上书写“打倒卖国罪魁蒋介石”、“开展抗日反蒋的群众运动”、“没收豪绅地主的房屋财产土地分给贫苦工农”等标语。

红军抢渡清水江遗址

位于贵州省贵阳市开阳县高寨苗族布依族乡与龙里县巴江乡交界处清水江中游顺岩河段。1936年1月29日拂晓，红二、红六军团迅速到达顺岩河渡口南岸，待机渡河。红六军团政委王震、红十六师师长周球保和政委晏福生赶到渡口边亲自指挥渡河。红二、红六军团主力渡河后向北奔袭扎佐、修文，往黔（西）、大（方）、毕（节）地区开进，顺利实现了战略转移。

红二、红六军团盘县会议会址

位于贵州省六盘水市盘县城关镇九间楼社区。俗称九间楼，亦称“九天楼”。此建筑由红二、红六军团战士快速建成，坐北向南。1936年3月28日，红二、红六军团进占盘县城，总指挥部设立于此。3月30日，贺龙、任弼时、萧克、关向应、王震、张子意等在此召开重要军事会议。

红军桥

位于贵州六盘水市盘县盘江镇盘江村西1000米山脚凹地处。为清代建筑，古称“回龙寺桥”，桥有四孔，总长60、宽5、高25米，拱高22、长50米。红军长征时，红二、红六军团从桥上经过。后此桥改名为红军桥。

鸭池河红军渡江遗址

位于贵州省毕节市黔西县大关镇丘陵村瓦房组。1936年2月，红二、红六军团在贺龙、任弼时、萧克、王震等人率领下，在当地进步人士的协助下，机智英勇地从这个渡口强渡鸭池河，为下一步建立黔（西）、大（定）、毕（节）革命根据地创造了有利的条件。

红二、红六军团总指挥部旧址

位于贵州省铜仁市石阡县。原为天主教堂，包括神甫楼、修女楼，始建于清光绪二十七年（1901年），总占地面积1688.1平方米。1936年，红军长征经过石阡，神甫楼成为红二、红六军团总指挥部，修女楼为贺龙、任弼时、萧克等领导人的住所。红二、红六军团在石阡休整期间，在天主教堂召开了“石阡会议”，并在教堂留下了18条标语和3幅漫画等红色遗迹。

大方中华苏维埃人民共和国川滇黔省革命委员会旧址

全国重点文物保护单位

位于贵州省毕节市大方县大方镇文星街南段西侧。1936年2月7日，红二、红六军团长征经过大定（今大方），在此成立中华苏维埃人民共和国川滇黔省革命委员会，贺龙任主席。

毕节川滇黔省革命委员会旧址

全国重点文物保护单位

位于贵州省毕节市百花路19号。该建筑为德国罗马公教的教堂，建于民国初年。1936年2月17日，中华苏维埃共和国川滇黔省革命委员会迁至毕节，设立于此。贺龙、任弼时、关向应、王震、夏曦等领导曾居住于此。

毕节贵州抗日救国军旧址

全国重点文物保护单位

位于贵州省毕节市和平路74号。坐西北向东南，占地600余平方米。1936年2月9日，红二、红六军团长征到达毕节，在此宣传党的抗日主张并建立贵州抗日救国军。救国军由知名民主人士周素园先生任司令员，邓止戈任参谋长。抗日救国军司令部即设立于此。

七星关红军战斗遗址

位于贵州省毕节市赫章县平山乡江南村大桥组。战斗遗址东起杨家湾，西接平山村，地形走势西高东低。1936年2月底，红二、红六军团进抵七星关，与当地武装发生交火，战斗持续了3个小时。红六军团政治部主任夏曦同志为配合地方革命武装带兵泅渡七星关河，不幸遇难。

哲庄坝红军战斗遗址

位于贵州省毕节市赫章县城东北38公里处。遗址占地面积2.2公顷，212省道横穿其中。1936年3月12日，红二、红六军团按野马川会议精神，在乌蒙山腹地与敌周旋，在哲庄坝与敌万耀煌纵队的第九十九师和第十三师作战，歼敌两个团。1982年，赫章县人民政府在哲庄坝的桃园大垭口修建了1座红军战斗遗址纪念碑。

寸田红军长征指挥部旧址

位于云南省昆明市彝良县奎香苗族彝族乡寸田村。1936年3月7日，红二、红六军团由贵州进入彝良奎香、寸田、坪地，在寸田设立指挥部，部队分驻周围30多个自然村中。3月8日，红军回军伏击以则河；10日，挥师广德关；12日，激战得章坝。红二、红六军团以彝良奎香为临时根据地在当地群众的支持下，三进三出奎香地区，与国民党军回旋作战，打破了其重兵围歼计划。此旧址即红二、红六军团开展“乌蒙山回旋战”的历史见证。

广德关红二、红六军团战斗遗址

位于云南省昭通市镇雄县坪上乡河坝村。占地3200平方米。1936年3月10日黎明，红四师第十二团乘敌不备，出其不意，一举攻下广德关。红二军团军团长贺龙、政委任弼时、副政委关向应、参谋长李达、政治部主任甘泗琪带领百余人，由寸田坝进入牛场一带，后转入深山，拟从镇雄以南突破敌人的包围。该遗址对研究红军长征时期镇雄历史具有一定价值。

普渡河铁索桥

位于云南省昆明市禄劝彝族苗族自治县翠华镇者广村与头哨村间的普渡河上。始建于1928年。红军长征曾两次经过这里。1935年5月1日，中央红军军委纵队及干部团从该桥经过后，赴皎平渡过金沙江。1936年4月9日，红二、红六军团在贺龙，萧克率领下，在铁索桥与设防阻击的国民党滇军发生激战。在此次战斗中，红四师政治部主任萧令彬等79名干部和战士光荣牺牲。

“六甲之战”纪念塔

位于云南省昆明市寻甸回族彝族自治县先锋镇贾白山上。纪念塔记述了红二、红六军团在六甲与滇军英勇战斗的事迹。为缅怀先烈，寻甸县人民政府于1978年4月9日修建此塔。

红军长征过楚雄纪念碑

位于云南省楚雄彝族自治州楚雄市鹿城镇米市街社区峨碌公园内。该碑坐西向东，高12米，呈方塔状，由下往上逐渐收分，于1985年12月1日奠基，1986年4月15日落成，是为纪念红军长征过楚雄50周年而建。纪念碑碑身为钢筋混凝土结构，银灰色，正面镶嵌大理石，镌有“红军不怕远征难，万水千山只等闲”金字，基座右侧嵌有一大理石，上刻“红军过楚雄五十周年纪念碑”。

红二方面军第六军团后勤部驻地旧址

位于云南省楚雄彝族自治州姚安县栋川镇南街居民委员会十字街南侧。为三进院建筑。1936年4月16日红六军团长征经过姚安时，总后勤部设在此院。红军在姚安活动期间，开展革命宣传，征粮、扩红、打土豪、分田地，播下了革命火种。

红二方面军过丽江指挥部

位于云南省丽江市古城区新华街科贡坊和宅。1936年4月24日，红二方面军在鹤庆分兵两路，进军石鼓。总指挥贺龙和政委任弼时率右路军行至丽江县城，设指挥部于此。

金沙江石鼓渡口

位于云南省丽江市玉龙纳西族自治县石鼓镇。1936年4月24~28日，红二、红六军团在贺龙、任弼时等领导下，分别在石鼓至巨甸的金沙江五个渡口抢渡成功，继续北上。1977年丽江县人民政府在此立碑，以为纪念。

大一西下村红军战士寄居点

位于四川省甘孜藏族自治州白玉县盖玉乡大一西下村村道以西100米处山坡上。该建筑为土木结构，呈长方形，占地60平方米。红军长征途中，贺龙部队一王姓红军战士在此疗伤、居住3年。

红军烈士墓

全国重点文物保护单位

位于四川省阿坝藏族羌族自治州红原县南端的亚克夏山山口上，海拔4383米，是我国海拔最高的一座烈士墓。1935~1936年，红二、红四方面军由两河口出发，数度翻越长征途中第三座大雪山长板山（亚克夏山），因海拔太高且大雪封山，很多红军战士由于高原缺氧、严寒窒息而牺牲。1952年，这里发现了12具排列整齐的遗骨，遂建此墓。

三　红四方面军长征

（一）川陕苏区的建立和发展

红四方面军原在鄂豫皖苏区活动，是中国工农红军的主力之一。1932年6月，国民党军队向鄂豫皖苏区和红四方面军发动大规模的第四次“围剿”。面对强敌，红四方面军进行了2个多月的艰苦斗争，终因时任中共鄂豫皖中央分局领导人兼军委主席张国焘的错误领导而陷入险境，未能打破敌人“围剿”。

1932年10月，红四方面军撤离鄂豫皖苏区，向西转移，并于12月由陕南抵达川北，开辟了川陕革命根据地。至1933年8月，川陕革命根据地总面积已达4.2万平方公里，人口约600万，红四方面军也由刚入川时的1.4万余人扩大到8万余人。

川陕苏区的快速发展威震全川，也引起国民党南京政府的震惊。从1933年10月底至1934年9月中旬，以川军为主向川陕苏区发动“六路围攻”，红四方面军经过艰苦作战，粉碎了敌人的“六路围攻”，毙、伤、俘敌军8万余人，缴获枪支3万余支，炮百余门。这次战役是红四方面军入川后规模最大、历时最长、战果最辉煌的一次。

虽然粉碎了敌人的“六路围攻”，但川陕苏区和红四方面军也受到了严重的损失，形势严峻。1934年11月，为打破国民党军队对川陕苏区新的“会剿”，根据徐向前的建议，红四方面军制定了“川陕甘计划”，准备向甘南发展，同时密切关注中央红军的动向。

中央红军长征进入黔北后，红四方面军于1935年1月下旬发起广昭战役，力图夺取广元、昭化，控制嘉陵江两岸川陕交接处的咽喉要道，伺机接应中央红军和红二十五军，但未能达到目的。

广昭战役打响当日，中共中央、中革军委电示红四方面军集中全力西渡嘉陵江，突入敌后，在运动中寻机歼敌，策应中央红军渡江北上。红四方面军在苍旺坝召开紧急会议，决定按照中央指示行动。会后，红四方面军发动陕南战役，攻占宁羌、勉县、阳平关等地，歼敌4个多团，俘敌4000余人，调动敌人北上，随后又回师川北，进行仪陇、苍溪战斗，歼敌8个团全部或一部，俘敌3000余人，控制了北起广元、南至南部的嘉陵江东岸地区，扫清了渡江作战的障碍。

（二）强渡嘉陵江

嘉陵江是四川省的四大河流之一，江面宽阔坦荡，两岸山峰耸立，江水湍急，似一道难以逾越的天堑横亘川东。敌人布置50多个团，凭借天险沿嘉陵江西岸设置了300余公里的防线。

为实现强渡嘉陵江的目标，红四方面军进行了周密的战役部署，全军上下练兵、造船，中共川陕省委和川陕省苏维埃积极动员根据地人民群众，提供了人力、物力支持，热情支持红军渡江。

3月28日，在徐向前的指挥下，红四方面军在苍溪县石家坝地段强渡嘉陵江，部队采取重点突击和多路突破相结合的战略，先后过江。渡江成功后，红四方面军迅速向敌纵深和两翼进攻，连克南部、剑阁等县，并将目标集中指向敌军重兵把守的剑门关。

剑门关是连接川陕的交通锁钥，地形险峻，两旁为数十丈的悬崖绝壁，仅有一条小路相通，易守难攻，自古有“天下第一险”、“一夫当关，万夫莫开”之称。当日黄昏，在红军的强大攻势下，剑门关要隘终于被攻克。

嘉陵江战役历时24天，歼敌12个团1万余人，攻克了阆中、南部、剑阁等9座县城，控制了东自嘉陵江、西至北川、南起梓潼、北抵青川，纵横一二百公里的广大地区。

在红四方面军主力强渡嘉陵江后，张国焘决定撤出川陕革命根据地，率红四方面军后方机关、中共川陕省委机关、第三十三军和地方武装及部分地方干部，陆续撤到嘉陵江以西。

自强渡嘉陵江起，红四方面军就实际开始了长征。

（三）西进松理茂地区

强渡嘉陵江战役后，红四方面军主力在涪江地区集中休整。各部队补充了大量的兵员、武器、粮食和经费等。红四方面军总兵力扩充至8万人。

为阻止红四方面军同中央红军会合，蒋介石抽调20多个旅，以江油和中坝为中心，试图对红四方面军进行东西堵截、南北夹攻。为打破敌人对红军的合围，策应中央红军北上。红四方面军制定了《开展与巩固松理茂赤区》的计划，准备进军川西岷江流域的松潘、茂县、理番和汶川等地。

1935年5月，红四方面军发动土门战役。土门地处茂县东部，是红四方面军西进岷江的唯一通道。土门战役自5月1日起至14日止，红军先后占领了土门、干沟、茂县，进而控制了威州、汶川、理番、松潘、镇江关、偏口等地。

（四）迎接中央红军

红四方两军进入松潘、理番、茂县地区时，中央红军已经进入川康边，正经会理、冕宁北上。两军会合，已指日可待。因此迎接中央红军成为红四方面军的当务之急。为此红四方面军总部在茂县开会，研究准备工作。会议确定由红三十军政治委员李先念、红九军军长何畏率红三十军第八十八师和红九军第二十五师、第二十七师各一部，西进懋功地区，扫清敌军，迎接中央红军。同时发动当地群众筹集大批慰问中央红军的物资。

6月初，红二十五师作为迎接中央红军的先头部队在师长韩东山的率领下率先出发，沿途同企图阻截两军会合的敌人打了大大小小二十余仗，先后占领了抚边镇、懋功县城和达维镇，并继续向夹金山进发。6月12日，红二十五师与中央红军先头部队红一军团第二师第四团在达维镇胜利会师。

（五）会师后的南下与西进

由于张国焘个人野心的膨胀，顽固坚持南下川康的错误方针，断送了中央红军和红四方面军会师后进一步推动革命形势大发展的有利时机。为了贯彻两河口会议精神，落实北上方针，1935年9月，中共中央率领红一军、红三军和军委纵队一部先行北上。

中央先行北上后，多次致电张国焘要求其北上，并耐心团结、说服和挽救，但张国焘置中央的指示和挽救于不顾，在抓紧部署南下的同时，进行了一系列分裂党、分裂红军的活动。

在张国焘的命令下，位于包座、班佑地区的红四、红三十三军及红军大学部分人员在徐向前、陈昌浩的率领下再过草原返回毛儿盖，随后向党坝、松岗进发。同时红军总部机关和左路军也奉张国焘的命令，从阿坝、马尔康等地南下。至9月底，两路南下部队分别集结于马塘、松岗、党坝一带。

9月13日，张国焘在阿坝格尔登大寺召开川康省委及红军中党的活动分子会议，大肆攻击中央率先北上为“逃跑主义”，会议在张国焘的操纵下通过决议坚持南下，指出只有南下建立川康根据地才是唯一正确的进攻路线。

10月初，张国焘南下到达卓木碉后，主持召开高级干部会议，悍然宣布另立“中央”，自封为“主席”，宣称“毛泽东、周恩来、博古、洛甫应撤销工作，开除中央委员和党籍”，并下令通缉杨尚昆、叶剑英，免职查办。这一行为表明随着张国焘政治野心的急剧膨胀，逐步将同党中央在战略方针上的分歧激化到在政治上、组织上同党中央的尖锐对立，其分裂党、分裂红军的活动发展到了登峰造极的地步。对此，留在左路军的朱德、刘伯承等在维护党和红军团结的基础上，同张国焘开展了顽强、灵活的斗争。

为贯彻其南下方针，张国焘制定了《绥（靖）崇（化）丹（巴）懋（功）战役计划》，以打开通往天全、芦山通道，实现在川康边建立根据地的计划。10月，红四方面军分左右两路沿大小金川向南进攻，该地区地形复杂，山高水急，广大红军指战员不畏艰险，英勇作战，先后攻克绥靖、崇化、丹巴、懋功等地，击溃敌6个旅，毙、俘3000余人，打开了通往天全、芦山的通道。

12月，张国焘又发布《天（全）芦（山）雅（安）邛（崃）战役计划》。按照这一部署，红四方面军分为三个纵队先后翻越终年积雪的夹金山，以迅猛之势向南进击。先后占领金汤、天全、宝兴、芦山等县城，占领了邛崃以西、大渡河以东、青衣江以北、懋功以南的广大地区，共毙、伤、俘敌1.5万余人，打开了东出川西平原的入口。这引起了国民党尤其是四川军阀的极大惊恐，为保住川西平原，守卫成都，刘湘调集80多个团20余万人，与红军展开决战。双方在百丈地区激战7昼夜，红军歼敌5万人，自身伤亡近万人，不得不撤出战斗。在国民党重兵压迫之下，全军被迫向川西北藏族地区转移。

至1936年4月，红四方面军控制了东起懋功、西至甘孜、南抵瞻化和泰宁、北接草原的大片地区，此一地域虽然面积广大，但物产贫瘠，气候恶劣。红四方面军原本计划在该处筹集必要的粮食、物资后即刻北上，然而此时传来红二、红六军团北上的消息，为迎接其北上，根据朱德的建议，红四方面军改变原来计划，决定在该地区停留下来，放手发动群众，扩充红军，创建根据地，为与红二、红六军团会师奠定了基础。

（六）甘孜会师

1936年4月中旬，徐向前派红三十二军和红四军一部，由道孚南下。16日占领东俄洛，19日逼近雅江，继占西俄洛，将康定之敌李抱冰部阻止于雅江以东，保证了红二、红六军团北进的侧翼安全。6月3日，红六军团先头部队在甲洼与红四方面军第三十二军会师。7月1日，红二、红六军团齐聚甘孜，与红四方面军举行会师大会，历经艰难曲折的两支红军主力，终于胜利会合了。

红四方面军南下以后，中共中央一直通过电台同红四方面军保持联系，一方面告知其中央行动的情况，下达指示命令；另一方面通知其周边敌情动态；其三是对张国焘进行团结、说服、教育工作，劝其北上。同时朱德、刘伯承、徐向前等人也一再对张国焘进行劝告、敦促。而南下后的严酷现实，深刻地教育了广大红军指战员，使他们对于张国焘的错误路线日益怀疑和不满。越来越多人认识到，中央关于“南下是绝路”的预见是英明的，张国焘的南下方针是错误的。

红二、红六军团的到来，增强了反对张国焘错误路线的力量。贺龙、任弼时、关向应、王震等对于张国焘右倾机会主义路线所造成的严重恶果极为愤慨，毅然站到拥护党中央北上的正确路线上，从维护全党全军的团结愿望出发，坚决而又有策略地同张国焘的右倾机会主义展开斗争。任弼时以中央政治局委员和红二方面军政治委员的双重身份对张国焘、陈昌浩、徐向前等红四方面军领导做工作，了解思想情况，努力增强团结。

在多种因素的共同作用下，加以中共中央对张国焘做出了一定的让步，张国焘“另立中央”的活动无法再持续下去了。6月6日，张国焘宣布取消“第二中央”。10日，张国焘、朱德、陈昌浩、徐向前等致电林育英、张闻天、毛泽东、周恩来、博古、彭德怀、林彪、徐海东，表示：“拟于六月底出动，向夏、洮西北行动，大约七月二十日前后可达夏、洮。二方面军大约六月二十号前后集甘孜休息十天跟进。”

红四方面军南下9个多月后，终于再次决定北上了。

红四方面军长征遗迹

红四方面军强渡嘉陵江渡口遗址

位于四川省广元市苍溪县。遗址为东西走向，呈“U”型布局，东西长98、南北宽50米，面积4900平方米。1935年1月22日，红四方面军接到中共中央关于“集中兵力向嘉陵江以西进攻，配合红军北上”的电示，于3月28日晚在徐向前的指挥下，于此强渡嘉陵江成功，随后又连克十余座县城。

王渡红三十军造船厂遗址

位于四川省广元市苍溪县云峰镇桂花村四组、村委会西500米处。原建筑于20世纪50年代末期被拆毁，后此处改作农田。现遗址呈东西走向，东西长120、南北宽60米，面积7200平方米，遗址内尚遗存石梯阶沿、柱础等。1935年3月，红四方面军为强渡嘉陵江在这里成立了造船厂，80名造船工人连夜赶出渡江船只，为之后胜利渡江提供了物质保障。

剑门关红军战斗遗址

位于四川省广元市剑阁县剑门镇剑雄村剑门关口东崖。占地面积约25000平方米。1935年3月31日~4月2日,红四方面军在总指挥徐向前、副总指挥王树声领导下,在此歼灭川军守敌4个团，扫清了红四方面军北上的障碍。山顶现存残缺的工事和战壕。

红四方面军长征纪念碑

位于四川省绵阳市游仙区东宣乡飞龙村六组飞龙山山顶。建于1997年，坐东向西，面积约200平方米，碑高68米。飞龙山是红四方面军第十二师第三十四团在长征途中曾经战斗过的地方，当年红军在此发动群众组织游击队，号召穷苦百姓闹革命，建立苏维埃政权。红军西征后，地方反动势力反扑，根据他军民与其进行多次战斗，先后有38位战士光荣牺牲。红军长征胜利60周年时，当地群众自发捐款修建了纪念碑和由30多块小方碑构成的碑林。

红军桥遗址

位于四川省绵阳市北川羌族自治县白什乡清溪村下河坝。该桥建于1935年，呈东北—西南走向。土匪烧桥后，红军又重建，现桥身全毁，遗址所在悬崖崖壁上现存 7 个支桥的方孔。

千佛山战役纪念碑

位于四川省绵阳市北川羌族自治县墩上乡石关村3组，东500米为金山，西北300米为燕子崖，北100米为墩上河。纪念碑建于1980年，坐南朝北，呈四边形，由砖块砌成，碑身高12米。该碑主要纪念1935年红军经过北川北上松潘时，在墩上乡的千佛山与国民党军队展开战役的事件。

徐向前临时指挥所旧址

位于四川省绵阳市平武县徐塘羌族乡油扎村杜家组杜家坝。坐西南向东北，占地面积98.04平方米。1935年，红四方面军徐向前部在此地建立徐塘苏维埃政府，临时办公地点设于此建筑内。

平武县回族苏维埃旧址

位于四川省绵阳市平武县龙安镇报恩寺社区清真寺内。该清真寺始建于明代，清道光年间葺修。由大门、二门、照壁、厢房、浴室、邦克楼、正殿、礼拜殿组成。1935年4月1日，红军在长征途中攻占了平武县城。4月17日，在此成立了平武县回族苏维埃，并在清真寺里办公。这是现存的为数不多的红军在长征期间帮扶少数民族建设苏维埃政权、开展革命的实证。

红军观察哨

位于四川省绵阳市平武县大印镇金印村冬青组大毛坡半山腰。坐东向西，占地面积3.768平方米。该观察哨为圆形，直径2、深1米，可容纳2~3人在内，与前小路仅有1.2米的距离，主要用于观察并对敌人进行狙击。整个观察哨与另外多处战壕相呼应，共同组成火力网。具有一定的历史价值。

红三十军接待站旧址

位于四川省绵阳市北川羌族自治县陈家坝乡老场村四社。四合院式建筑，现存悬梁穿斗式木结构房屋3栋，共9间。1935年3月，红军长征途经北川陈家坝乡，曾以老场村四社村民母玉林家作为红三十军接待站，接待经过北川的红军。如今在屋内墙壁上还存有红军标语，字迹隐约可见为："无产阶级对于资产阶级进行的全面专政。富过团保甲的如果缴械自首，并有穷人担保可以准其□□。"

石板关红军碉堡遗址

位于四川省绵阳市北川羌族自治县墩上乡石板关村。距北茂公路20米。遗址坐北朝南，长20、宽4、残高2米，占地面积80平方米。旧址由毛石砌成，平面呈长方形，含两个射击孔，孔呈正方形，边长0.4米。

马岭山红军阻击战场遗址

位于四川省阿坝藏族羌族自治州汶川县草坡乡足湾村。分布范围约30000平方米。1935年8月，为掩护主力北上，红四方面军第三十三军第九十九师第二九七团留下1个连在马岭山担任阻击任务。该连约200名战士在汶川县草坡乡与敌军展开了一场惨烈的阻击战。目前尚存的遗迹、遗物有：乡、村苏维埃驻地，红军营指挥部，红军连指挥部，红军炊事伙房，坷巴凼凼（红军挖的饮用水塘），防空掩体，红军庙，红军班合葬墓，红军战壕，万人坑，以及红军用过的家具器物等遗迹、遗物。

苦竹沟红军战场遗址

位于四川省江油市大康镇松花岭村苦竹沟山上。由大阴山红军指挥遗址、大槽岭战壕、三王庙战壕、瞿家大包战壕、刘家垣河战壕、哑吧石战壕等组成，分布面积约6万平方米，呈西南—东北横向分布。其中大阴山指挥遗址坐落在大阴山山坳，面积约300平方米，两侧有岩石掩护。

石塔区苏维埃政府旧址

位于四川省成都市邛崃市高何镇高兴村石塔寺。该建筑为四合院布局，包括大殿、厢房和前殿。大殿始建年代不详，重建于明正统年间，面阔三间，9.4米。左右厢房建于清嘉庆年间，前殿山门建于1915年。1935年11月~1936年2月，红四方面军第四、第三十军及第九、第三十一军的部分部队进入邛崃境内，在此建立了石塔区苏维埃政府，办公机构设置于石塔寺内。

川主庙碉楼

位于四川省成都市邛崃市平乐镇花楸村。碉楼坐西向东，用红砂石砌成，平面呈正方形，边长4.74米，共三层，每面各设3个方形射击孔，是川军为阻击红四方面军所建。

红军织布厂

位于四川省雅安市芦山县芦阳镇先锋居委会杨家坝组。该建筑坐东向西，为三进两个四合院，穿逗式木结构建筑。占地面积1075.8平方米。1935年红军长征南下时在此建织布厂。

中华苏维埃抗日救国会旧址

位于四川省雅安市芦山县芦阳镇城北居委会现供销社院内。1935年红四方面军南下芦山时为中华苏维埃抗日救国会旧址。抗日救国会是当年红四方面军建立的公开群众组织，组建有抗日救国军群众武装，由王维舟任总指挥。

百丈关遗址

位于四川省雅安市名山区百丈镇。1935年10月，红四方面军在包括百丈关斗山、栖霞寺、王宫寺、鲜鱼桥、黑竹关、治安场、月儿山、胡大林、鹤林场、王店等地在内的方圆30公里范围内，与国民党军激战七天七夜，歼敌1.5万余人。红军伤亡上万，战事不利后撤退，不得不再次翻越夹金山转向西进，证明了中央“南下是绝路”的判断是正确的。

红四方面军大学旧址

位于四川省雅安市天全县老场乡红岩村。1935年10月，红四方面军大学南下天全时，“中国工农红军大学”在此办学，历时100天。

藏民独立师师部旧址

位于四川省甘孜藏族自治州丹巴县聂呷乡喀咔村西。1935年10月，红军长征到丹巴，帮助地方组建了丹巴番尼独立团，马骏任团长。1936年1月，该团扩建为丹巴藏民独立师。同年3月，正式纳入红军编制，授予“大金川军区红军独立第二师”番号（马骏任师长），驻防丹巴，全师约2000余人。是红军建立的第一支少数民族队伍。

红军军械修理厂旧址

位于四川省阿坝藏族羌族自治州金川县金川镇老街。原为城隍庙，建于清乾隆五十一年（1786年），坐西向东，二进四合院布局，占地面积约600平方米。1935年11月，格勒得沙共和国在此召开成立大会，后红四方面军又设军械军备修理厂于此。

西北联邦政府旧址

位于四川省阿坝藏族羌族自治州金川县金川镇龙河村老街78号。西北联邦政府又称中华苏维埃共和国西北联邦临时政府。1935年5月30日,西北联邦政府成立于茂县。1936年初，红四方面军到达绥靖（今金川县），将此作为西北联邦政府的办公地点。

格勒得沙国家商店旧址

位于四川省阿坝藏族羌族自治州金川县金川镇老街54号周富祥家住房。1935年11月，格勒得沙共和国商业部于此开设国家商店，从事商业经营活动。

四　红二十五军长征

（一）转战豫陕边

红二十五军是1932年10月红四方面军主力撤离鄂豫皖革命根据地后，由中共鄂豫皖省委将留在根据地坚持斗争的红军部队重新组建而成。重建后的红二十五军在反“围剿”中不断发展壮大，曾一度扩大到1.2万人。但是，1933年5月后，由于鄂豫皖省委盲目执行“左”倾冒险主义的军事战略方针，以内线单纯防御来保卫中心苏区，致使红二十五军在反“围剿”斗争中不断失利。1934年7月，国民党军发动新的“围剿”以后，红军处境日渐不利。

1934年11月11日，中共鄂豫皖省委根据中共中央和周恩来关于红二十五军在必要时可以实行战略转移的指示，在河南省光山县花山寨召开常委会议，决定红二十五军实行战略转移，创建新的革命根据地，同时留省委委员高敬亭领导一部分武装组建红二十八军，继续坚持鄂豫皖边区的武装斗争。11月13日，红二十五军西移罗山县的殷家湾、何家冲一带，进行政治动员和整编工作，撤销师一级组织，军部直辖二二三团、二二四团和二二五团3个步兵团和1个手枪团，共2900余人。

11月16日，红二十五军在中共鄂豫皖省委书记徐宝珊、军长程子华、政治委员吴焕先和副军长徐海东的率领下，以“中国工农红军抗日第二先遣队”的名义，从何家冲出发，向桐柏山进发，开始了长征历程。

11月17日，红二十五军在信阳以南东双河、柳林之间越过平汉铁路，接着又以两天的急行军，经青石桥、黄龙寺、月河店、金桥等地，于19日进入桐柏山区。但桐柏山东有平汉路、西濒汉江，距交通要道过近，回旋余地小，不易于立足发展。鄂豫皖省委决定迅速掉头北上，跳出敌人包围圈，向豫西伏牛山一带进军，并相机创建根据地。

红二十五军先向西佯动，并派小部武装攻击湖北枣阳，以调敌西援，后于枣阳城以北的韩庄掉头东去，在摆脱敌重兵围堵后，于11月22日经泌阳、方城向伏牛山区进发。25日，红二十五军于方城县独树镇、拐河镇附近遭敌庞炳勋部第四十军第一一五旅和骑兵旅重兵包围。独树镇一战是关乎红二十五军长征成败的重要一战。经过恶战，红二十五军于27日越过敌人空隙，绕道疾行，从叶县保安寨附近越过许南公路，进抵伏牛山东麓。29日，进入伏牛山区。

（二）西进陕南

红二十五军进入伏牛山区后，经过调查研究，发现伏牛山区人烟稀少、地域狭窄、粮食和其他物资都很匮乏，且豫西军阀别廷芳在这里经营多年，反动统治严密，难以发动群众、开展工作，不利于革命根据地的建设。经鄂豫皖省委研究，决定西进陕西南部，建立根据地。

12月初，红二十五军翻越嵩县境内的木扎岭，经栾川、卢氏二县，于12月8日抵达豫陕交界的铁锁关（即箭杆岭），击溃守关民团后，进入陕西省东南部。9日，红二十五军翻越蟒岭，到达洛南县的庾家河。10日，中共鄂豫皖省委在庾家河召开常委会议，决定将鄂豫皖省委改为鄂豫陕省委，并通过《关于创建新苏区、新的革命根据地的决议草案》，确定了在鄂豫陕边区创建新的革命根据地的方针和任务。本次会议因敌军的进攻而中断，敌我双方在庾家河展开激战，战斗从早晨开始到黄昏结束，红军经过20多次反复冲杀，终于将敌人打垮，共毙敌300余人，但红军也伤亡100多人。庾家河战斗是继独树镇战斗后又一次关系红二十五军生死存亡的恶战。

庾家河战斗后，红二十五军在洛南县蔡家川（又称蔡川）进行了整编，撤销二二四团，人员分别编入二二三团、二二五团。此后，红二十五军在中共鄂豫陕省委的领导下，开始了创建鄂豫陕根据地的斗争。在军政委吴焕先的率领下采取大回旋的军事行动，先南下湖北郧西，继而北返陕西洛南，又东入河南卢氏，再西达陕西蓝田，沉重打击了国民党反动势力，扩大了党和红军的影响。

1935年1月9日，红二十五军攻克镇安县城。到1月底，红军在郧西、洵阳、镇安、山阳四县边区创建了第一块革命根据地。2~7月，红二十五军又接连粉碎了国民党军的两次“围剿”，取得了蔡玉窑、文公岭、袁家沟口等战斗的胜利，创建了包括3块革命根据地在内的鄂豫陕苏区。

（三）与陕甘红军会师

1935年7月15日，鄂豫陕省委在长安县沣峪口召开会议，决定红二十五军西征北上，到陕甘根据地与红二十六军会合，巩固陕甘苏区，集中力量消灭敌人，配合红军主力北上。同时将中共鄂陕特委、豫陕特委合并组建鄂豫陕特委，坚持在鄂豫陕革命根据地进行革命斗争。

7月16日，红二十五军在鄂豫陕省委的率领下，从沣峪口出发，踏上西征北上之路。先后经鄠县（户县）、盩厔（周至），沿秦岭北麓冒雨向西进军。后为摆脱和迷惑敌人，红军由辛口子向南转进秦岭，经青冈砭、二郎坝等地向南行进。27日，红二十五军到达留坝县江口镇，因连续行军和作战，队伍疲乏，在此休整2天，在休整期间部队进行整编，全军共4000余人。

7月30日，红二十五军从江口镇出发折向西北。31日，袭占川陕边界重镇双石铺。在此地红军俘虏国民党军少将参议1名，并缴获大量国民党报纸，获得中央红军正在北上且可能快与红二十五军会师的消息，全军士气高昂，决心“积极前进，迎接中央，迎接一、四方面军”。此后在敌人多路追击围堵下，红二十五军灵活机动，转战于陇南地区。8月2日，红二十五军进抵甘肃两当县，后从两当城以北的利桥镇转向西北，翻越麦积山，直逼天水，并进占天水县城北关。

为配合红一、红四方面军北上，红二十五军决定向敌人纵深区域发展。8月11日，红军从新阳镇北渡渭河，并占秦安县城。14日，逼近静宁县城。至此，连接陕、甘两省的战略要道西兰公路被红二十五军拦腰截断，严重地干扰了敌军围堵红军的部署，有力地配合了红一、红四方面军的行动。

此后，红二十五军进驻静宁城北25公里的兴隆镇、单家集等地休整。在此期间仍未得到党中央和红一、红四方面军的消息，省委开会决定，再在西兰公路上钳制敌人半个月，如再接不到中央，再去陕北。

8月17日，红二十五军离开兴隆镇，沿西兰公路向东进军，一举攻克隆德县城。当日黄昏，红二十五军连夜翻过六盘山，继续沿西兰公路东进。19日，乘胜逼近平凉县城，后由城东西十里铺附近南渡泾河，沿西兰公路进至白水镇，并于打虎沟击垮追敌，歼敌1个多营。21日，红二十五军到达泾川县城以西王村地区，因连日暴雨泾河河水猛涨，加以敌人重兵围堵和追击，处境极为险恶。为迷惑、调动敌军，红军决定佯攻灵台，假意回陕，实攻崇信县城，以继续切断西兰公路。部队在王母宫塬过汭水时遭敌突袭，红二十五军政委吴焕先同志壮烈牺牲。吴焕先牺牲后，省委常委临时商定，军政委和省委书记由徐海东兼任。

为继续牵制和迷惑敌人，红二十五突然掉头南下，直逼灵台，继以少数兵力在灵台佯动，红军主力在灵台和崇信间的上良镇、梁原镇、赤城镇积极活动，并打探中央和红一、红四方面军的消息。后因敌军四面逼近，又难以获得红一、红四方面军消息，红二十五军决定北上陕北，同刘志丹领导的陕甘红军会合。

8月30日，红二十五军经华亭县安口窑北上。31日晚，由平凉城以东四十里铺再渡泾河，后经镇原、庆阳、合水一带疾进。9月4日，红二十五军后卫部队1个营在合水县板桥镇遭敌骑兵团突然袭击，经苦战突出重围，此役，红军损失200余人。此后，红二十五军由东华池、太白镇间渡过葫芦河，沿陕甘边界的崇山峻岭继续北进。

9月7日，红二十五军到达陕甘交界处的豹子川（今属华池）。省委在此召开会议，决定由程子华代理中共鄂豫陕省委书记兼红二十五军政治委员，徐海东任军长，全军共计3400人。会后，红二十五军继续北进。9日，红二十五军进至保安县（今志丹县）永宁山，同当地党组织取得联系，后见到陕甘边苏维埃政府主席习仲勋和陕甘边军委主席刘景范，受到热烈欢迎。15日，部队胜利到达永坪镇。至此，红二十五军打破了敌人的围追堵截，胜利完成了战略大转移，成为抵达陕北的第一支红军部队。

9月16日，红二十五军同刘志丹率领的西北红军胜利会师。会师后红二十五军与西北红军红二十六、红二十七军合编为红十五军团，由徐海东任军团长、程子华任政治委员、刘志丹任副军团长兼参谋长。

红十五军团成立后，为打破国民党东北军对根据地的进攻，于9月下旬发动劳山战役，歼灭东北军第一一〇师第六二八、第六二九团及师直属队，取得军团成立后的第一个大胜仗。是役共毙伤东北军1000余人，俘虏3700人。10月下旬，红十五军团又在榆林桥痛击敌守军，毙伤300余人，俘虏1800余人。

劳山、榆林桥两战，沉重打击了东北军的气焰，进一步巩固了陕北苏区，为迎接中共中央和红一方面军的到来创造了有利条件。

红二十五军长征遗迹

周洼花山寨会议会址

位于河南省信阳市光山县周洼村民组。原房9间，坐北朝南，土坯灰瓦房，五架结构，占地面积约600平方米。1934年11月11日，鄂豫皖省委常委在此召开了著名的“花山寨会议”，决定红二十五军实行战略大转移，全军以“北上抗日第二先遣队”的名义立即长征。11月13日，离开花山寨驻地区罗山殷家湾一带，进行长征前的准备工作。

红二十五军长征出发地

全国重点文物保护单位

位于河南省信阳市罗山县铁铺镇何家冲。遗址包括军部旧址（原何氏祠堂）、医院旧址、石磨盘和果树。1934年11月16日，红二十五军由何家冲出发长征。

红二十五军司令部旧址

位于湖北省十堰市郧西县关防乡丁家坪村一组。面积82平方米。1934年，红二十五军长征时经过郧西并发动当地群众开展“抗捐、抗债、抗粮、抗夫、抗丁”斗争。

红二十五军标语

写于湖北省十堰市郧西县关防乡丁家坪村一组彭祥贵家门墙上，为1934年红二十五军在此活动时留下的，内容有“没饭吃的穷人快来赶上红军”、“苏维埃新中国胜利万岁”、“我们革命军到这安居乐业，请同胞不要慌张啊”，落款是“红25军75师23团政治部”。

红二十五军独树镇战斗纪念地

位于河南省南阳市方城县独树镇。该碑以一把变形的刺刀为表现形式，寓“血战”之意，高25.34米，蕴含“红二十五军”、“一九三四年”之意，碑体钢混结构，红色花岩贴面，矗立于大理石护栏台阶上。1934年11月26日，红二十五军长征至独树镇的七里岗时，敌庞炳勋部从两翼包围过来。在这万分危急的时刻，军长程子华、政委吴焕先、副军长徐海东率领全军与敌人展开了激烈的白刃战，以不足3000人的兵力挫败了敌人的堵击，胜利进入伏牛山区。1977年11月26日，在红二十五军血战独树镇63周年之际，该纪念碑落成。

红二十五军木扎岭纪念地

位于河南省洛阳市嵩县车村镇木扎岭村。1934年12月1日，红二十五军由鲁山越过木扎岭进入车村镇，进入今洛阳地区，从此开始新的征程。后人特立“红二十五军进入洛阳纪念”石以为纪念。

红二十五军兰草街军部旧址

位于河南省三门峡市卢氏县。旧址为砖木结构庙院建筑14间，保存完好。1934年12月，红二十五军在程子华、吴焕先、徐海东等率领下经卢氏入陕南。当时军部驻扎于此。

铁索关旧址

位于河南省三门峡市卢氏县。铁索关地势险要，是通往陕南的必经之路。1934年12月8日，红二十五军在豫陕交界处铁索关击溃陕西守关国民党军，进入陕南境内。

庾家河会议会址

位于陕西省商洛市丹凤县庾岭镇街坊村庾家河街道。建筑坐东西向，土木结构，原建筑临街三间、正房三间，共六间。1934年12月10日，中共鄂豫皖省委18次会议在杨春荣家药铺召开。由于国民党军第六十师尾追袭来，会议被迫中断，但依然形成了创建鄂豫陕革命根据地的相关决议，为实现红军战略转移、开辟鄂豫陕革命根据地奠定坚实基础。

庾家河战斗遗址

位于陕西省商洛市丹凤县庾岭镇街坊村北七里阴岭之巅。1934年12月10日，中共鄂豫皖省委会议在山下庾家河街杨春荣家召开，国民党军第六十师突然从洛南鸡头关袭来，占领七里阴岭制高点。红二十五军军长程子华、副军长徐海东立即指挥部队反击，战斗持续一天一夜。敌军死伤800余人，红二十五军亦伤亡200余人，正副军长均在战斗中身负重伤。此战斗为完成红军战略转移、创建鄂豫陕革命根据地奠定了基础。为纪念烈士，丹凤县在遗址上修建碑亭1座，内为由原红二十五军政治部主任郭述申题写的“庾家河战斗纪念碑”1通。另有军长程子华、副军长徐海东负伤纪念碑各1通。

葛牌镇区苏维埃政府旧址

位于陕西省西安市蓝田县葛牌镇葛牌街中部街西。旧址坐西朝东，长26.3、宽10米。原有房舍8间，均为土砖木结构。1935年，鄂豫陕边区五星县葛牌镇区苏维埃政府曾设于此。葛牌镇区苏维埃政府是红二十五军长征入陕后在关中地区建立的第一个红色政权。2002年，这里改建为蓝田县葛牌镇区苏维埃政府纪念馆。

文公岭战场旧址

陕西省西安市蓝田县葛牌镇南侧的文公岭上，南与柞水相接。1935年2月5日，国民党第四十二师第一一六旅旅长柳彦彪带领2个团向葛牌进攻。红二十五军闻讯抢先占领九间房与葛牌镇交界处的文公岭，与一一六旅展开激战。战斗历时1天，歼灭敌人5个营。此次战斗的胜利为红军建立蓝田、柞水、山阳等地的苏维埃政府奠定了基础。

中共鄂豫陕省委扩大会议旧址

位于陕西省西安市蓝田县葛牌镇葛牌街村南部中段西侧。旧址为清末四合院建筑，内有砖木结构房舍8间。1935年4月中旬，中共鄂豫陕省委扩大会议在此召开。会议提出了粉碎国民党“围剿”和加强根据地建设的任务，改鄂豫皖省委为鄂豫陕省委，并改选了省委，由徐宝珊任书记，吴焕先任副书记。

鄂陕边区苏维埃政府纪念碑

位于陕西省商洛市山阳县小河口镇袁家沟村。该碑是为纪念鄂陕边区苏维埃政府而建，坐西向东，高约7.5米，底座为汉白玉石雕砌而成，呈方形，边长约1米。纪念碑上书有“鄂陕边区苏维埃政府纪念碑”，落款为“中共山阳县委、山阳县人民政府一九九六年四月立”。该碑对红军战史、中国共产党党史以及长征史研究均有较高的参考价值，并对陕西商洛地区的红色政权研究和地方武装以及地方行政研究有重要意义。

红二十五军会议旧址

位于甘肃省陇南市两当县金洞乡太阳工作站前川村前川组。明清时为染房，坐西北向东南，面积208平方米。该房原户主姓陈，后来土改时被分给了王银家。1935年8月3日，红二十五军长征途经此地，在此召开动员大会，并住了一夜。1936年10月，红二方面军红六军团在这里休整后第二天继续北上。此楼作为红二十五军会议旧址，是当时重要历史事件的见证。

羊圈洼红军临时指挥部旧址

位于甘肃省平凉市泾川县王村镇掌曲村三社居民区内。现存小院一处，院内遗存小土楼一处，分上下两层，高6.5米，占地24平方米。1935年，红二十五军北上陕北途经此地与“追剿”的国民党军发生激战，为指挥战斗，在此设立了临时指挥部。本次战斗中，红二十五军政委吴焕先不幸牺牲。

吴焕先烈士墓

位于甘肃省平凉市泾川县汭丰乡郑家沟村宝合子山脚下。占地600平方米。吴焕先，1907年出生，曾任中国工农红军二十五军政委等职。1935年，红二十五军在泾川县四坡村一带与马鸿宾部激战，吴焕先不幸牺牲，被葬于宝合子山下。现存墓葬封土堆和后期所立石碑。

单家集革命遗址

位于宁夏回族自治区固原市西吉县兴隆镇单家集村内。东西长35、南北宽30米，总面积1050平方米。1935年8月15~17日，红二十五军长征经过这里时曾在此驻军三天。1935年10月5日，由中共中央和中革军委主要领导毛泽东等率领的中央红军长征到达该村，也在此宿营一夜。毛泽东宿北侧房。

第三部分

胜利会师

于都县城东门渡口

一　三大主力胜利会师

（一）红二、红四方面军北上

红二、红四方面军会师前，张国焘曾向党中央表示6月底前将率红四方面军北上。两军会师后，党中央抓住有利时机，敦促两军迅速北上。同时，在朱德、任弼时、贺龙、刘伯承的力争下，红二、红四方面军在甘孜召开联席会议，会议上任弼时对张国焘擅自成立“第二中央”和南下分裂党分裂红军的行为进行了严肃的批评，贺龙和关向应强调要加强团结，相互学习，相互谦让，共同北上和党中央会合。在大家的批评和教育下，张国焘被迫承认错误，表示了北上愿望。

7月上旬，红二、红四方面军分三路总队陆续出发北上。中路纵队集结于炉霍地区，由徐向前率领，经壤塘、查理寺、毛儿盖向包座前进。左纵队集结于甘孜地区，由朱德、张国焘率领，经东谷、西倾寺、阿坝向包座、班佑前进。右纵队由董振堂率领，经卓克基、马塘向毛儿盖、包座前进。各路红军于7月底8月初陆续进入草地，并先后在8月走出草地，到达甘肃南部。

红二、红四方面军走出草地后，决定共同组织岷（州）、洮（州）、西（固）战役，以控制甘南地区战略要道，粉碎敌人围堵。战役从8月5日开始，至9月7日结束，是红二、红四方面军走出草地进入甘南地区后第一次大规模作战行动。红军先后进占漳县、临潭、渭源、通渭四县和岷县、陇西、临洮、武山等县广大区域，歼敌7000余人，有利打击了敌人阻止红二、红四方面军北上的企图，为红军立足甘南和三大主力会师创造了条件。

为配合红二、红四方面军北上，中共中央以彭德怀为司令员组成西征军。8月中旬，西征军进驻甘肃境内，一部进占平凉兰州公路之间的德隆、会宁地区，一部控制渭源地区，以迎接红二、红四方面军北上。

9月中旬，根据中共中央部署，红二方面军在甘肃东南部发起成（县）、徽（县）、两（当）、康（县）战役，部队分为左中右3个纵队，向两当、凤县、成县、徽县、康县、略阳等地开进。9月16日，中纵队攻下成县，歼敌1个营。9月18日，左纵队攻下两当县城。次日进占徽县县城，继之向略阳进发。由此形成了红二方面军与红一、红四方面军夹陕甘大道南北呼应并可随时会师的有利局面。

（二）会宁会师和将台堡会师

1936年，日本帝国主义对中国侵略态势进一步加剧。8月，日军策划和支持伪蒙军对绥远发动进攻，绥远抗战爆发。全国掀起了以支持绥远抗战为热潮的抗日救亡运动新高潮。为迎接全国抗战新高潮，中共中央制定了宁夏战役计划。计划要求红四方面军立即控制西（安）兰（州）公路，占领隆德、静宁、会宁、通渭地区，与在固原西部的红一方面军靠拢，阻止胡宗南部西进，同时派聂荣臻、左权率红一军团挺近至西兰公路以北，迎接红二、红四方面军北上会师，争取两个月后夺取宁夏。

对此计划，张国焘心生犹豫，迟迟不予表态，并主张西渡黄河、进军甘北，企图再次抵制中央的北上方针，但在朱德、任弼时、贺龙、陈昌浩的坚决反对下，在中央的耐心说服和命令下，加以西渡黄河困难，未能得逞。红四方面军继续北进。

9月30日，红四方面军根据中央命令，兵分五路向通渭、庄浪、会宁、静宁疾进。中共中央立即布置兵力策应红四方面军北上。10月2日，红十五军团占领会宁。7日，红四方面军先头部队在会宁青江驿与红一方面军七十三师会合。10月9日，朱德、张国焘、徐向前、陈昌浩等率红军总部和红四方面军直属队进入会宁城，与红一方面军胜利会师。

红四方面军北进后，根据中共中央的命令，红二方面军于10月上旬迅速向北转移。10月22日，红二方面军在将台堡（现属宁夏回族自治区西吉县）与红一方面军第一军团第一、第二师会师。红一、红二、红四方面军三支主力部队的会师，宣告了历时两年、行程数万公里的红军长征胜利结束。

二　长征胜利的伟大意义

中国工农红军在极端险恶的环境下，冲破了国民党军的重重围堵，克服了雪山、草地等自然险阻，战胜了党内分裂的危险，胜利地完成了数万公里的战略大转移，使中国革命转危为安，表明中国共产党和中国工农红军是一支不可战胜的力量。红军在长征中所表现出的坚定的共产主义理想、革命必胜的信念、艰苦奋斗的精神和一往无前、不怕牺牲的英勇气概，构成了长征的伟大精神，成为激励中国共产党人和人民军队继续前进的强大动力。

红军长征的胜利宣告了国民党围追堵截红军的破产，宣传了中国共产党和红军的主张，并在沿途播下了革命的种子，鼓舞了广大革命人民。正当抗日战争的烽火即将在全国燃起之际，三支主力红军为担负中国革命的新任务而在西北会师，这是一个具有伟大历史意义的事件。

红军长征虽然失去了南方原有的革命根据地，损失了很大一部分力量，但是保存和锻炼了中国共产党和中国工农红军的骨干，集中了各路红军的经验和特长，使红军成为一支更加坚强的队伍。

红军长征的胜利，巩固和发展了陕甘革命根据地，使全国革命的中心转移到了更加靠近抗日前线的西北地区，为革命新高潮的掀起、为抗日战争时期革命力量的大发展和全国革命的胜利，奠定了重要的基础。

胜利会师相关遗迹

求吉寺中共西北局会议会址

位于四川省阿坝藏族羌族自治州若尔盖县求吉乡德翁村。为一座寺院旧址。1936年8月，红二、红四方面军陆续走出草地。8月5日，中共西北局会议在求吉寺院的大经堂内召开，参加会议的有张国焘、朱德、刘伯承、任弼时、贺龙、徐向前、陈昌浩、关向应、傅钟等，会议讨论北进计划时，通过了《岷（州）、洮（州）、西（固）战役计划》。求吉寺中共西北局会议是红军长征期间在四川境内召开的最后一次会议。

红军哨所

位于青海省果洛藏族自治州班玛县亚尔堂乡子木达村内，东西为大山森林、北为子木达沟、南为马柯河林区。遗址建在山高坡陡悬崖处，呈正方形，面积约9平方米。1936年，红二方面军北上抗日，途经子木达沟时已行军数日，人困马乏，缺衣少粮。为了补充粮食、休整部队，红军在此短暂停留十余天。随后，由此向北进军。史学界对于长征是否经过青海始终有争议。此哨所的发现以确凿的遗迹证明了红军长征确实经过青海，是“第三次全国文物普查工作”的重要成果。

中共中央西北局岷州会议纪念馆

位于甘肃省定西市岷县十里镇三十里铺村。1936年9月中旬，红二、红四方面军北上到达岷县境内。9月18日，中共中央在岷县三十里铺召开了西北局会议。参加会议的有朱德、刘伯承、任弼时、贺龙、徐向前、张国焘、陈昌浩。会上，朱德、任弼时等同志抵制张国焘停止北进的错误主张，同时对张国焘西进青海的错误主张进行了坚决斗争，重新肯定了北上的正确方针，按党中央的要求，制定了《通（渭）、庄（浪）、静（宁）、会（宁）战役计划》，为红一、红二、红四方面军胜利会师创造了有利条件。

二郎山战役指挥部旧址

位于甘肃省定西市岷县岷阳镇长虹村二郎山山脊东西两侧。二郎山山脊两边现存有长约500、宽0.6~1、深0.8~1.2米的战壕及长方形指挥部一处，占地面积约500平方米。1936年8月5日，中共中央西北局发布了《岷（州）、洮（州）、西（固）战役计划》，决定乘国民党尚未结集岷县、临洮之前，以红二、红四方面军先机夺取岷县、临洮、西固地区，以胜利北进。这次战役中，攻占岷县县城是首要之战。8月9日，红四方面军进入岷县境内，甘肃军阀鲁大昌率新编十四师竭尽全力在二郎山阻击红军。红三十军第八十八、八十九师在徐向前、李先念、程世才指挥下，迅速包围岷县县城，在10~13日连续四个晚向二郎山守敌发起进攻，四次攻破敌军阵地。但终因敌众我寡，阵地得而复失。二郎山战役是红军发动“岷洮西战役”第一仗，沉重地打击了敌人，为红军休整创造了有利条件。这次战役中先后歼敌1000余人，缴获重机枪8挺、轻机枪3挺、迫击炮5门。红军将士亦伤亡300余名。

红二方面军总指挥部旧址

全国重点文物保护单位

位于甘肃省陇南市宕昌县哈达铺镇下街村。原建筑为四合院。1936年秋，红二方面军经过雪山、草地的艰苦跋涉，到达哈达铺，将总指挥部设在了这里。

五龙山伏击战旧址

位于甘肃省定西市岷县。旧址以五龙山为中心，西至丰泉村、东至高桥村、北至强坝村、南接转湾村。1936年9月“成徽两康战役”后，国民党军胡宗南、毛炳文、王均各部联兵进击徽县、成县。9月28日，国民党军突破太石山、孟家崖防线后，自吊桥进至抛沙五龙山。红四师第十二团、红六师第十八团奉命于五龙山防御进攻之敌。红军经恶战，于29日凌晨撤离五龙山阵地，经红川至徽县东进。贺龙之弟贺虎在此次战役中牺牲。

张辉烈士墓

位于甘肃省天水市秦州区娘娘坝镇牡丹山上。张辉（1911~1936年），男，江西人，早年参加中国共产党和中国工农红军，跟随萧克、王震领导的红六军团参加开辟湘鄂川黔革命根据地的斗争。1935年11月，他由湖南桑植出发，北上长征；1936年7月，任中国工农红军红二方面军第十六师师长。1936年10月5日，张辉在秦城娘娘坝镇遭敌人伏击，突围中身负重伤，因伤势过重，光荣牺牲。

侯家川红二方面军指挥部旧址

全国重点文物保护单位

位于甘肃省白银市会宁县侯家川乡侯家川村侯家川社街道。1936年10月15~17日，红二方面指挥部抵达侯家川村，大部队驻扎侯家川村李家堡子，并以堡子为核心，部队分散居住。

西岩山红军战斗旧址

位于甘肃省白银市会宁县县城以西西岩山梁顶。整个遗址南北长100、东西宽90米，分布面积约9000平方米。山顶现有一土堡，堡内有三眼箍窑，当时的指挥部就设在土堡内。遗址东北侧现保留有当年红军挖的土壕，残长约6、残宽约2~4、残深约0.8米。1936年10月3日，驻定西国民党军新编第一军十一旅旅长刘宝堂部和红一军团在此发生激烈的阻击战。

青江驿红二、四方面军会师旧址

全国重点文物保护单位

位于甘肃省白银市会宁县太平店镇青江驿村青江驿街道，分布面积约2700平方米。1936年10月8日，红四方面军第四军第十师在这里与红一方面军第一军团会师。1936年10月17日，红二方面军第六军在这里与红四方面军第九军会师。

老君坡红一、二、四方面军会师旧址

全国重点文物保护单位

位于甘肃省白银市会宁县老君坡乡老君坡村街道一堡子内。堡平面呈正方形，边长40、墙高4.2、基宽3、顶宽1.6米,堡门南开，黄土夯筑。1936年10月18~22日，红二方面军在这里与红一方面军第一军团第二师第五团及师直机关会师。会师后，以老君坡村大堡子为据点，联合驻防。20世纪90年代末，当地乡政府修建办公楼时，将堡子全面毁坏。

会宁红军会师旧址

全国重点文物保护单位

位于甘肃省白银市会宁县会师镇会师路，西临祖厉河、东为会宁城东山、东南部是桃花山。旧址东西宽110、南北长406米，总占地面积44718平方米。会师楼为原会宁城西津门城楼，1936年红军会师后改名为会师楼，城门亦改名为会师门。城楼为重檐歇山顶二层建筑，始建于明代，1986年、2006年两次维修，现存建筑是在原址上依原貌维修的。城门洞深6.4、口阔4、拱高5米，青砖砌面；南北两侧城墙均青砖包面，南侧长30、北侧长45.8、高8、基宽6.4、顶宽3米，有女墙，高1.3米。红军联欢会会址——文庙大成殿为五开间四进的重檐歇山顶式建筑，始建于明弘治年间，明间3.85、次间3.6、次次间3.2米。会师塔建于1986年，高28.78米，共十一层，三塔环抱至十层，合为一塔。旧址内还有其他建筑11处。1936年10月9日，红一、红四方面军在此地胜利会师。

将台堡革命旧址

全国重点文物保护单位

位于宁夏回族自治区固原市西吉县南部葫芦河与马莲川河交汇处。将台堡始建于宋代，毁于1920年海源大地震，民国年间在原址重建。1936年10月22日，红二方面军和红一方面军在此胜利会师。新中国成立后，当地政府修筑纪念碑以纪此事。

平峰革命纪念亭

位于宁夏回族自治区固原市西吉县平峰镇。1936年，红二方面军领导人贺龙、任弼时、关向应及随红二方面军行动的刘伯承与红一方面军领导人左权、聂荣臻、邓小平等在此会面。1996年10月，为了纪念红军长征胜利60周年，特在此修建纪念亭以为纪念。

后　记

今年是红军长征胜利80周年。80年前的今天，中国工农红军红一方面军（中央红军）、红二方面军、红四方面军和红二十五军在数倍于己的国民党军队的层层围追堵截下，战胜了雪山、草地、大河、峻岭等各种艰难险阻，经过长途跋涉，转战十余省后，先后到达陕北，实现了中国工农红军三大主力的胜利会师，完成了伟大的战略转移，为中国革命的发展和最终胜利奠定了坚实的基础。

在长征途中留下的文物遗址、遗迹是长征历史的重要见证，也是长征精神的重要物质载体。为展示长征恢弘史实，传承和弘扬长征精神，国家文物局利用“第三次全国文物普查工作”中登录的相关数据，遴选出红军长征过程中的具有重要价值的文物遗址、遗迹，特别是重要会议、战役等历史事件的相关遗迹178处，辅以政权建设、经济建设、文化建设等类型的遗迹、遗存等，力图从军事、政治、经济、文化等方面全方位、多视角地展现长征遗迹整体风貌，填补了相关领域的空白。

本书在撰写过程中参阅了《红军长征史》等相关文献资料，主要撰稿人为吴东风、郑建民、姚兆，安康、蒲昱晓、刘红、赵晶晶、李广华等参与了编撰工作。在此对他们的辛勤付出表示感谢。

编者